T0195877

Qualitative Sozialforschung

Herausgegeben von
R. Bohnsack, Berlin, Deutschland
U. Flick, Berlin, Deutschland
Chr. Lüders, München, Deutschland
J. Reichertz, Essen, Deutschland

Die Reihe Qualitative Sozialforschung
Praktiken – Methodologien – Anwendungsfelder

In den letzten Jahren hat vor allem bei jüngeren Sozialforscherinnen und Sozialforschern das Interesse an der Arbeit mit qualitativen Methoden einen erstaunlichen Zuwachs erfahren. Zugleich sind die Methoden und Verfahrensweisen erheblich ausdifferenziert worden, so dass allgemein gehaltene Orientierungstexte kaum mehr in der Lage sind, über die unterschiedlichen Bereiche qualitativer Sozialforschung gleichermaßen fundiert zu informieren. Notwendig sind deshalb Einführungen von kompetenten, d. h. forschungspraktisch erfahrenen und zugleich methodologisch reflektierten Autorinnen und Autoren.

Mit der Reihe soll Sozialforscherinnen und Sozialforschern die Möglichkeit eröffnet werden, sich auf der Grundlage handlicher und überschaubarer Texte gezielt das für ihre eigene Forschungspraxis relevante Erfahrungs- und Hintergrundwissen über Verfahren, Probleme und Anwendungsfelder qualitativer Sozialforschung anzueignen.

Zwar werden auch grundlagentheoretische, methodologische und historische Hintergründe diskutiert und z. T. in eigenständigen Texten behandelt, im Vordergrund steht jedoch die Forschungspraxis mit ihren konkreten Arbeitsschritten im Bereich der Datenerhebung, der Auswertung, Interpretation und der Darstellung der Ergebnisse.

Herausgegeben von
Univ.-Prof. Dr. Ralf Bohnsack,
Freie Universität Berlin, Deutschland

Prof. Dr. phil. Uwe Flick,
Alice-Salomon-Hochschule Berlin,
Deutschland

Dr. Christian Lüders,
Deutsches Jugendinstitut,
München, Deutschland

Prof. Dr. Jo Reichertz,
Universität Duisburg-Essen,
Essen, Deutschland

Arnd-Michael Nohl

Relationale Typenbildung und Mehrebenenvergleich

Neue Wege der dokumentarischen Methode

 Springer VS

Prof. Dr. Arnd-Michael Nohl
Helmut-Schmidt-Universität/Universität der
Bundeswehr Hamburg, Deutschland

ISBN 978-3-658-01291-5   ISBN 978-3-658-01292-2 (eBook)
DOI 10.1007/978-3-658-01292-2

Die Deutsche Nationalbibliothek verzeichnet diese Publikation in der Deutschen Natio-
nalbibliografie; detaillierte bibliografische Daten sind im Internet über http://dnb.d-nb.de
abrufbar.

Gedruckt auf säurefreiem und chlorfrei gebleichtem Papier

Springer VS ist eine Marke von Springer DE. Springer DE ist Teil der Fachverlagsgruppe
Springer Science+Business Media.
www.springer-vs.de

Inhalt

Einleitung

1

Bisweilen wird die Notwendigkeit qualitativer Sozialforschung damit begründet, dass nur mit ihr – nicht aber mit den standardisierten Verfahren quantitativer Forschung – die Singularität und Individualität des einzelnen Falles herausgearbeitet werden könne. So wird die ‚subjektive Sichtweise' des Individuums der vermeintlichen Objektivität großer Datensätze gegenübergestellt – zugleich aber der Anspruch aufgegeben, auch empirische Aussagen machen zu können, die den Einzelfall übergreifen.

Auf der anderen Seite finden sich seit den Anfängen qualitativer Sozialforschung aber auch Versuche, fallübergreifende Aussagen in Form von Kategorien- und Typenbildungen zu machen. Schon die Chicagoer Schule hat in den 1920er und 1930er Jahren gezeigt, dass präzise Einzelfallrekonstruktionen und der Vergleich mehrerer Fälle kein Gegensatz sind, sondern erkenntnisfördernd sein können. Und mit der „Grounded Theory" von Glaser/Strauss (1969) entstand ein Forschungsansatz, der den Bezug qualitativer Forschung auf die individuellen Erfahrungen und Haltungen Einzelner mit der Entwicklung fallübergreifender Kategorien zu verbinden vermochte. Die „constant comparative method" (ebd., S. 101) ist bis heute der zentrale Weg, empirisch gegründete Theorien in Form von Kategorien und Typiken zu entwickeln.

Mittlerweile liegen – gerade in der deutschsprachigen Diskussion – mehrere Ansätze vor, um aus qualitativen Daten fallübergreifende Aussagen zu gewinnen. Sie erheben den Anspruch, die qualitative Sozialforschung zur Formulierung generalisierbarer Aussagen und zur Theoriebildung zu befähigen, ohne dabei den Einzelfall aus den Augen zu verlieren. Die dokumentarische Methode, wie sie von Ralf Bohnsack (1989; 2007a) auf der Basis von Karl Mannheims Werk (vor allem: Mannheim 1964a u. 1980) entwickelt wurde, ist einer jener Ansätze, welche die Fallrekonstruktion mit der komparativen Analyse und Typenbildung verknüpfen. Mittlerweile liegen für dieses Auswertungsverfahren eine ganze Reihe von

empirisch gehaltvollen Forschungsarbeiten in unterschiedlichen Disziplinen wie
auch elaborierte methodologische Reflexionen (vgl. Bohnsack et al. 2013; Bohnsack et al. 2010a u. b, Bohnsack/Nentwig-Gesemann 2010) vor.[1] Insbesondere die
als ‚sinngenetische‘ und ‚soziogenetische‘ Typenbildung bezeichneten Wege, fallübergreifende Erfahrungs- und Orientierungsdimensionen zu identifizieren und
vom Einzelfall zu abstrahieren, haben sich inzwischen konsolidiert.

In diesem Buch sollen nun neue Wege, mit der dokumentarischen Methode
fallübergreifende empirische Ergebnisse zu erzielen, zur Diskussion gestellt werden: die *relationale Typenbildung* und der *Mehrebenenvergleich*.[2] Diese neuen
Wege, die aus der Forschungspraxis und ihrer Reflexion hervorgegangen sind,
möchte ich im Folgenden kurz skizzieren.

Typenbildung in der dokumentarischen Methode

Die Typenbildung in der dokumentarischen Methode zielt darauf ab, fallübergreifende Orientierungsrahmen, in denen Themen und Probleme bearbeitet werden,
zu identifizieren. Um eine derartige „praxeologische“ (Bohnsack 2007b, S. 228),
d. h. auf die (implizite) Art und Weise, den Orientierungsrahmen von Praxis be-
zogene Typenbildung zu ermöglichen, werden schon in der (vergleichenden) Interpretation einzelner Fälle zwei Stufen unterschieden: In der *formulierenden
Interpretation* verbleiben die Forschenden vollständig im Rahmen des zu interpretierenden Textes (bzw. Bildes), dessen thematischen Gehalt sie mit eigenen Worten
zusammenfassen. In der *reflektierenden Interpretation* wird rekonstruiert, wie ein
Text oder eine Handlung hergestellt ist, in welchem (Orientierungs-)Rahmen das
Thema also abgehandelt wird (vgl. ausführlich: Bohnsack 2007a, S. 34 u. passim).

In der *sinngenetischen Typenbildung* werden dann unterschiedliche Orientierungsrahmen, in denen ein Thema bzw. eine Problemstellung bearbeitet wird, rekonstruiert; solche Orientierungen, die fallübergreifend zu identifizieren sind,
werden vom Einzelfall abstrahiert und typisiert. Eine solche sinngenetische Typenbildung kann eindimensional (d. h. auf eine Problemstellung beschränkt) bleiben, man kann jedoch auch in verschiedenen Dimensionen sinngenetische Typen bilden. Eine derart mehrdimensionale Typenbildung ist Voraussetzung dafür,
nicht nur die Unterschiedlichkeit typisierter Orientierungsrahmen aufzuzeigen,
sondern auch die spezifischen Erfahrungshintergründe, d. h. die Soziogenese die-

---

1   Ein aktueller Überblick findet sich auf www.dokumentarischemethode.de.
2   Als Einführung in die dokumentarische Methode können demgegenüber Bohnsack (2007a)
     und Bohnsack et al. (2013) sowie, für die dokumentarische Interpretation narrativer Inter-
     views, Nohl (2012a) empfohlen werden.

ser Orientierungsrahmen zu rekonstruieren. Letzteres ist die Aufgabe der *soziogenetischen Typenbildung* (siehe hierzu Bohnsack 2007b).

Die *relationale Typenbildung,* wie sie in diesem Buch vorgestellt werden soll, knüpft ebenfalls an mehrdimensionale sinngenetische Typiken an. Doch werden hier die typisierten Orientierungsrahmen nicht auf hinter ihnen stehende Erfahrungsräume bezogen; vielmehr gilt es herauszuarbeiten, wie die Orientierungen, die in unterschiedlichen Dimensionen zu finden waren, miteinander zusammenhängen. Es geht also um die Relationen typisierter Orientierungen, die sich zunächst in Einzelfällen zeigen, mit fortschreitender Analyse aber auch fallübergreifend identifiziert und auf diese Weise typisiert werden können. Derartige typisierte Relationen typischer Orientierungen stehen am Endpunkt der relationalen Typenbildung.

Mit der relationalen Typenbildung lässt sich zum Beispiel herausarbeiten, in welchem Zusammenhang bestimmte Beobachtungsformen, die Sozialarbeiter/innen an den Tag legen, mit ihren Interventionen gegenüber Jugendlichen zusammenhängen (vgl. Radvan 2010). Oder man kann rekonstruieren, wie die Art und Weise, wie ein Auslandskorrespondent in Afrika mit den Einheimischen handelt, in Relation zu seiner Sichtweise dieser interkulturell für ihn fremden Menschen steht (vgl. Schondelmayer 2010). Nur bestimmte Beobachtungsformen lassen spezifische Interventionspraktiken zu, ebenso wie nur bestimmte Formen interkulturellen Handelns mit einer spezifischen Sichtweise auf die Fremden zusammenhängen (siehe ausführlicher dazu: Kap. 3). Diesen Relationen von Handlungsorientierungen, die sich über den Einzelfall hinaus zeigen lassen, wird in der relationalen Typenbildung nachgegangen.

Mehrebenenvergleich

Während die dokumentarische Methode mit der soziogenetischen und relationalen Typenbildung jener Form von Heterogenität Rechnung trägt, die auf *einer* Ebene des Sozialen liegt (und hier meist der Mesoebene kollektiver Einbindungen), geht es in Mehrebenendesigns darum, diejenige Unterschiedlichkeit sozialer Prozesse in Rechnung zu stellen, die durch die Verschiedenheit der Ebenen, auf denen sie sich abspielen, verursacht wird. Soziale Prozesse wie etwa die Migration, der Berufseinstieg oder das Partnerschaftsverhalten sind niemals auf eine Ebene, etwa jene der individuellen Biographie, beschränkt, sondern erstrecken sich stets über mehrere Ebenen, z. B. diejenigen des Milieus, von Organisationen oder auch staatlichen Institutionen und gesellschaftlichen Funktionssystemen. Diesen Mehrebenencharakter des Sozialen muss auch die qualitative Sozialforschung berücksichtigen.

Zu solchen Mehrebenenanalysen liegt durchaus schon Forschungserfah-
rung vor. So hat Fritz Schütze (1978), als er das Erhebungsverfahren des narrativen Interviews entwickelte, zwar zunächst die Erfahrungsebene von einzelnen
Kommunalpolitikern erforscht; zugleich ging es ihm aber um die Rekonstruktion
„kommunaler Machtstrukturen", die nicht auf der Mikroebene des Individuums,
sondern auf der Mesoebene angesiedelt sind. Jeanette Böhme (2000) und Rolf-
Torsten Kramer (2002) untersuchten – um weitere Beispiele zu nennen –, in welchem Passungsverhältnis die Organisationskulturen von Schulen (Mesoebene) zur
individuellen Schülerbiographie (Mikroebene) stehen.

Allerdings gibt es bislang kaum methodologische Reflexionen zur Mehrebenenanalyse (siehe als Ausnahmen: Helsper et al. 2010 u. Hummrich/Kramer
2011). Noch ungeklärter ist die Frage, wie man *komparative Analysen* anstellt, die
auf mehreren Sinnebenen des Sozialen zugleich angesiedelt sind. Es ist nämlich
charakteristisch für viele qualitative Forschungsarbeiten, dass in ihnen auf einer
‚niedrigeren' Ebene des Sozialen (etwa bzgl. der einzelnen Kommunalpolitiker)
unterschiedliche Fälle durchaus verglichen werden, die ‚höheren' Ebenen (etwa
der kommunalen Machtstrukturen) aber aus der komparativen Analyse ausgeklammert bleiben. Die Potentiale und Probleme eines solchen *Mehrebenenvergleichs* sollen daher in diesem Buch erörtert werden.

Die Grundprinzipien von Mehrebenenanalysen und -vergleichen folgen dabei nicht unbedingt einem spezifischen Auswertungsverfahren, etwa der objektiven Hermeneutik oder der dokumentarischen Methode. Vielmehr lassen sich
durchaus methodische Probleme und Lösungsvorschläge finden, die den unterschiedlichen Ansätzen der qualitativen Sozialforschung gemeinsam sind. Hierzu
gehören u. a. die These, dass die verschiedenen Ebenen der empirischen Analyse
begrifflich-theoretisch voneinander zu differenzieren sind, wie auch Antworten
auf die Frage danach, wie die empirischen Ergebnisse verschiedener Sozialebenen
aufeinander zu beziehen sind. Das Bezugsproblem ist gerade im Mehrebenenvergleich besonders relevant. Wie kann man Fälle einer unteren Ebene, die unterschiedlichen Fällen einer höheren Ebene zuzuordnen sind, miteinander vergleichen? Oder um es in einem Beispiel auszudrücken: Wie kann man die Biographie
des Schülers x aus der Schule A mit der Biographie des Schülers y aus der Schule B
vergleichen? Für die dokumentarische Methode stellt sich dieses Problem in ver-
schärfter Form, geht es hier doch nicht nur um den Vergleich einzelner Fälle über
unterschiedliche Ebenen hinweg, sondern um die ebenenübergreifende Kontrastierung ganzer Typologien.

Innerhalb der dokumentarischen Methode gibt es bislang vor allem eine Untersuchung, die den Anspruch eines Mehrebenen*vergleichs* stellt: In der international angelegten Studiengruppe „Kulturelles Kapital in der Migration" haben wir
untersucht, wie hochqualifizierte Migrant(inn)en ihre Bildungsabschlüsse auf

dem Arbeitsmarkt verwerten können (vgl. Nohl et al. 2006 u. 2010a). Als besonderes methodisches Problem hat sich dabei die Frage herauskristallisiert, wie man narrative Interviews, die aus völlig unterschiedlichen Kontexten (etwa aus verschiedenen Ländern) stammen, sinnvoll miteinander vergleichen kann. Der Vorschlag, den ich hierzu mache, bezieht die Typenbildung konstitutiv in den Mehrebenenvergleich mit ein. Denn die komparative Analyse auf einer ,höheren' Ebene (etwa der Makroebene) wird m. E. nur dadurch möglich, dass man bereits typische Muster auf ,niedrigeren' Sozialebenen (etwa der Mesoebene) herausgearbeitet hat. Auf der höheren Ebene werden dann nur solche narrativen Interviews miteinander verglichen, die auf den niedrigeren Ebenen über Gemeinsamkeiten hinsichtlich ihrer typischen Muster verfügen, die also zu einer ähnlichen *typologisch situierten Fallgruppe* gehören. Diese Vorgehensweise ermöglicht es, im Mehrebenenvergleich *kontextuierte Typiken,* d. h. Typiken, die durch die Typiken anderer Ebenen kontextuiert sind, zu bilden.

Dank

Die kommunikative Auseinandersetzung innerhalb der qualitativen Sozialforschung, insbesondere unter den Verfechter(inne)n der dokumentarischen Methode, war auch für die Entwicklung der in diesem Buch zur Diskussion gestellten neuen Wege der dokumentarischen Methode konstitutiv. An erster Stelle möchte ich hier Karin Schittenhelm, Anja Weiß und Oliver Schmidtke nennen, die mit mir zusammen die o. g. Studiengruppe „Kulturelles Kapital in der Migration", finanziert von der Volkswagen-Stiftung, geleitet haben. Sie haben nicht nur mein Interesse an der empirischen Forschung und ihrer methodologischen Reflexion stets geteilt, sondern durch ihre Anregungen, Kritik und bisweilen auch ein klares Kontra maßgeblich zur Schärfung meiner Gedanken beigetragen.

Wiewohl ich die relationale Typenbildung in diesem Buch vor allem anhand meiner Forschungspraxis in der genannten Studiengruppe herausarbeite, beruhen meine Überlegungen dazu auch auf den Forschungserfahrungen von Anne-Christin Schondelmayer und Heike Radvan. Diese standen in ihren Dissertationsprojekten vor dem Problem, mehrdimensionale Typiken entwickelt zu haben, aber keinen Ansatzpunkt für eine soziogenetische Typenbildung zu finden. Mit der relationalen Typenbildung expliziere ich in gewisser Weise auch den Lösungsweg, der in der beharrlichen Arbeit der beiden und in unserer gemeinsamen Diskussion entstand.

Das vorliegende Buch hat auch von den zahlreichen Diskussionen profitiert, an denen ich in den vergangenen Jahren teilhatte. Zu nennen sind hier insbesondere die Forschungswerkstatt von Ralf Bohnsack, aber auch die vielen Graduiertenkollegs und Projektwerkstätten in Deutschland und der Schweiz, die mich in den vergangenen Jahren zu Vorträgen eingeladen haben. In meinem Doktorandenkolloquium, aber auch in der Diskussion mit meinen (z. T. ehemaligen) Mitarbeiter/innen Yvonne Henkelmann, Anja Mensching, Ulrike Selma Ofner, Florian von Rosenberg, Nazlı R. Somel, Sarah Thomsen, Annegret Warth und Georgette Ziegler wurden die Argumentationen, die ich in diesem Buch entfalte, immer wieder auf eine Bewährungsprobe gestellt. Eine erste Manuskriptfassung bzw. Teile hiervon haben Ralf Bohnsack, Udo Kelle, Rolf-Torsten Kramer, Anja Weiß, Anja Mensching, Ulrike S. Ofner und Florian von Rosenberg kritisch kommentiert. Martin Hunold und Conrad Lluis Martell haben zur besseren Lesbarkeit des Textes beigetragen. Allen genannten – und den vielen ungenannt Gebliebenen – sei herzlich gedankt.

Überblick über das Buch

Das vorliegende Buch ist den beiden skizzierten Innovationen der dokumentarischen Methode gewidmet: der relationalen Typenbildung und dem Mehrebenenvergleich. Diese neuen Wege arbeite ich in der Auseinandersetzung mit dem (aus didaktischen Gründen bisweilen selektiv rezipierten) Stand der Debatte zu Vergleich und Typenbildung in der qualitativen Sozialforschung heraus. Wie dies schon bei der *Erkundung* der neuen Wege der Fall war, greifen auch bei deren *Darstellung* eigene Forschungserfahrungen und methodologische Reflexionen ineinander. Den Leser(inne)n versuche ich den theoretischen wie praktischen Nachvollzug meiner Überlegungen zu erleichtern, indem ich zudem ausführliche Forschungsbeispiele darlege.

Der Stellenwert und die Ausprägungen, die die komparative Analyse und Typenbildung in der qualitativen Sozialforschung gewonnen haben, werden in *Kapitel 2* diskutiert. Nach einer kurzen Abgrenzung gegenüber Auswertungsverfahren wie der objektiven Hermeneutik, die die Rekonstruktion von Einzelfällen fokussieren, geht es um die Frage, wohin eine durchgängige vergleichende Erkenntnishaltung, wie sie schon in der frühen Chicagoer Schule eingenommen wurde, führen soll: zur Typisierung von Fällen als solchen oder zur Typisierung von Falldimensionen? In jenen Ansätzen, die bestimmte Aspekte und Dimensionen von Fällen hervorheben, lässt sich wiederum danach fragen, worauf sich die Typisierungen beziehen: Hier finden sich der Bezug auf einen ‚objektiven' und einen ‚subjektiv gemeinten' Sinn, der Handlungen unterliegt, wie auch die Typisierung impliziter, in die alltägliche Handlungspraxis eingelassener Erfahrungs- und Orientierungsmuster, wie sie in der dokumentarischen Methode gefordert ist.

In *Kapitel 3* wird dann in die Typenbildung der dokumentarischen Methode eingeführt. Ausgehend von der unabdingbaren sinngenetischen Typenbildung lege ich die Potentiale, aber auch die methodologischen und forschungspraktischen Grenzen der soziogenetischen Typenbildung dar, um vor diesem Hintergrund die Konturen einer relationalen Typenbildung deutlich zu machen. Diese erscheint gerade dort vorteilhaft, wo typisierte Orientierungsrahmen nicht auf etablierte soziale Lagerungen (wie das soziale Geschlecht, die Schicht oder die Generation) oder organisatorisch gerahmte Erfahrungsräume (z. B. Abteilungen eines Krankenhauses) zurückzuführen sind, gleichwohl aber fallübergreifende Verbindungen zwischen unterschiedlichen Orientierungen entdeckt werden können.

Wie man – ausgehend von einer vergleichenden Fallanalyse – unterschiedliche für die Typenbildung geeignete Erfahrungsdimensionen entdecken und zum Ausgangspunkt einer relationalen Typenbildung nutzen kann, zeige ich in *Kapitel 4*. Ich gehe von drei narrativen Interviews aus, die in der Studiengruppe „Kulturelles Kapital in der Migration" erhoben wurden, für die aber noch nicht von Anfang an klar war, in welcher Hinsicht, d. h. in Bezug auf welche Erfahrungsdimensionen sie auszuwerten sind. Erst allmählich kristallisiert sich in der komparativen Analyse heraus, welche Vergleichsdimensionen für eine weitergehende Typenbildung relevant sein könnten. Ist dieser schwierige, zugleich aber außerordentlich erkenntnisgenerierende Punkt typenbildender Verfahren einmal gemeistert, können – unter Heranziehung weiterer Fälle – dann in einem nächsten Schritt die typischen Verbindungen zwischen typisierten Orientierungen im Sinne einer relationalen Typenbildung rekonstruiert werden.

Schon in der Rekonstruktion einzelner Fälle, und umso mehr in vergleichenden bzw. typenbildenden Ansätzen, stößt man oftmals auf mehrere soziale Ebenen. Wie diese im Rahmen von Mehrebenenanalysen und -vergleichen rekonstruiert werden können, ist Thema von *Kapitel 5*. Neben der Bedeutung einer grundlagentheoretischen Konzeptionierung des Forschungsgegenstandes ist hier die Frage, wie sich die unterschiedlichen Ebenen empirisch aufeinander beziehen lassen, von besonderer Bedeutung. Dabei kommt sowohl Hinweisen innerhalb des Datenmaterials als auch jenem Verfahren, das ich als die Identifizierung typologisch situierter Fälle und Fallgruppen bezeichne, ein großes Gewicht zu.

In *Kapitel 6* gebe ich dann Einblicke in die Forschungspraxis des Mehrebenenvergleichs, wie wir ihn in der bereits erwähnten Studiengruppe „Kulturelles Kapital in der Migration" durchgeführt haben. Ausgehend von typologisch situierten Fallgruppen wird dargelegt, wie man die komparativen Analysen unterschiedlicher Ebenen aufeinander beziehen und auf diese Weise eine kontextuierte Typenbildung betreiben kann.

Vergleich und Typenbildung in der qualitativen Forschung

2

Die komparative Analyse wird seit Durkheim als ‚Königsweg' der Sozialforschung verstanden, wenngleich die Frage, wie sich ihr Beitrag zu den Sozialwissenschaften gestaltet, kontrovers diskutiert bleibt (vgl. u.a. Przeworski & Teune 1970; Matthes 1992; Schriewer 2000). Für die qualitative Sozialforschung war der Vergleich schon von Bedeutung, bevor sie sich selbst auf den Begriff gebracht – und über ihre methodologischen Fundamente nachgedacht – hat: Unter anderem die Arbeiten der frühen Chicagoer Schule in den 1920er und 1930er Jahren waren implizit durch die komparative Analyse unterschiedlicher Sozialwelten strukturiert (siehe hierzu Nohl 2003, S. 71 ff u. Bohnsack 2005a). Erst viele Jahre später wurden diese praktischen Erfahrungen, bei denen der Vergleich jedoch „unsystematisch" geblieben war und „die Suche nach Vergleichsgruppen nicht bis an die Grenze der Entwicklung einer Theorie ging", aufgegriffen und reflektiert. Im Zuge dessen entwickelten Glaser und Strauss (1969, S. 155) die „Grounded Theory" als eine Strategie, mit der auf dem Wege der „constant comparative method" (ebd., S. 101) empirisch fundiert Theorie gebildet werden kann. Damit war das Potential der komparativen Analyse für das Erzielen fallübergreifender empirischer Ergebnisse, d.h. für die *Theorie-* und *Typenbildung,* von der Frühzeit der qualitativen Forschung an erkannt.

In der dokumentarischen Methode wird der Vergleich ebenfalls als eine durchgängige Analysehaltung angesehen, die der Typen- und damit der Theoriebildung dient. Allerdings erhält er hier noch zwei weitere Bedeutungen: Der Vergleich zwischen zwei Fällen hat eine *erkenntnisgenerierende* und eine *erkenntniskontrollierende Funktion,* insofern die Forschenden schon bei der Rekonstruktion eines Einzelfalls immer auf Reflexions- bzw. Vergleichshorizonte angewiesen sind. Nur soweit diese Vergleichshorizonte empirisch, d.h. durch Kontrastfälle, untermauert sind, können sich die Forschenden von der Befangenheit in ihren eigenen Selbstverständlichkeiten und Erwartungen lösen (vgl. Bohnsack 2007a, S. 38

u. 65). Dabei können gerade Kontrastfälle dabei helfen, Sinnzusammenhänge im untersuchten Fall überhaupt erst zu entdecken (vgl. Nohl 2012a, S. 41 ff).

In dem vorliegenden Kapitel soll zunächst diese erkenntnisgenerierende und -kontrollierende Funktion der komparativen Analyse in Auseinandersetzung mit einem einzelfallrekonstruktiven Ansatz herausgearbeitet werden (2.1). Sodann werde ich die Typisierung von Fällen mit der Typisierung von Falldimensionen kontrastieren (2.2), um schließlich unterschiedliche Formen der Typenbildung zu diskutieren (2.3).

2.1 Qualitative Forschung zwischen Fallrekonstruktion und komparativer Analysehaltung

Innerhalb der deutschsprachigen Sozialwissenschaften ist die qualitative Sozialforschung in den 1970er und 1980er Jahren oftmals mit der Begründung lanciert worden, mit ihr könne die Individualität und Singularität des Einzelfalls gegenüber den Massendaten der standardisierten Forschung prononciert werden. Damit wurde allerdings zugleich der Anspruch, empirische Ergebnisse mit einem theoriebildenden Potential zu erzielen, aufgegeben (vgl. zu dieser Kritik: Krüger 1999, S. 26).

Anspruchsvollere Ansätze der qualitativen Sozialforschung haben es sich hingegen von Anfang an zur Aufgabe gemacht, aus der Fallrekonstruktion heraus generalisierungsfähige Aussagen zu treffen. So postuliert Ulrich Oevermann, dass „auch auf der Basis der Rekonstruktion eines einzigen Falles schon erhebliche Generalisierungsmöglichkeiten im Hinblick auf Typen- und Modellbildung bestehen" (2000, S. 99). Bei der von ihm entwickelten objektiven Hermeneutik handelt es sich wohl um das derzeit elaborierteste fallrekonstruktive Verfahren. Daher möchte ich anhand einer Gegenüberstellung von objektiver Hermeneutik und dokumentarischer Methode die Implikationen der fallrekonstruktiven und der fallvergleichenden Herangehensweisen herausarbeiten.

In der von Ulrich Oevermann und seinen Mitarbeiter(inne)n entwickelten objektiven Hermeneutik (vgl. Oevermann et al. 1980 u. 1983, Leber/Oevermann 1994, Oevermann 2000 sowie – kritisch – Reichertz 1997, Wohlrab-Sahr 2003, Bohnsack 2007a) spielt der Fall deshalb eine zentrale Rolle, weil alleine die genaue und detailreiche Fallrekonstruktion es ermögliche, zu einer „Strukturgeneralisierung" zu kommen (Oevermann 2000, S. 58). Unter der Struktur versteht Oevermann dabei die Art und Weise, in der in einem Fall Lebenspraxis hervorgebracht wird (z.B. ein Problem gelöst und das Leben bewältigt wird). Dabei handelt es sich hier notwendig um eine Prozessstruktur, existiert sie doch nur, soweit sie sich im Fall immer wieder reproduziert. Sollte dies nicht möglich sein, kann es, so Oevermann, zu einer Transformation der Fallstruktur kommen (vgl. ebd., S. 95).

Die Fallstruktur könne nur in einer strikten Sequenzanalyse rekonstruiert werden. Diese Sequenzanalyse werde dem Fall nicht von außen aufgezwungen, sondern ergebe sich aus der Struktur des Sozialen überhaupt: „Jedes scheinbare Einzel-Handeln ist sequentiell im Sinne wohlgeformter, regelhafter Verknüpfung an ein vorausgehendes Handeln angeschlossen worden und eröffnet seinerseits einen Spielraum für wohlgeformte, regelmäßige Anschlüsse" (ebd., S. 64). Struktur manifestiert sich demnach in einer Abfolge von Selektionen, in denen einzelne Akte oder Äußerungen an die vorangegangenen Akte oder Äußerungen anschließen. Mit jeder sich so ergebenden Selektion wird aber nur *eine unter vielen* Anschlussmöglichkeiten realisiert. Die Struktur ergibt sich daraus, dass die Sequenzen nicht zufällig entstehen, sondern einer Regelhaftigkeit unterliegen, in der sie sich reproduzieren. Oevermann kann sich in dieser Hinsicht auf den amerikanischen Pragmatismus von Peirce, Dewey und Mead berufen; er stimmt bis hierin aber auch mit anderen Verfahren der qualitativen Sozialforschung, u. a. mit der dokumentarischen Methode, überein.

Dann aber sieht Oevermann in der Struktur immer das Allgemeine aller möglichen Anschlüsse und das Besondere des jeweils realisierten Anschlusses aufbewahrt: „Die konkrete Besonderheit des historischen Gebildes bildet sich ... scharf als Kontrast auf der Folie der ‚objektiven Möglichkeiten' seiner einbettenden Milieus inklusive der Möglichkeiten der objektiven Vernunft universeller Regeln ab" (1991, S. 270). Oevermann unterscheidet hier also scharf zwischen dem empirisch zu rekonstruierenden, besonderen „Gebilde", d. h. dem Fall, und den allgemeinen Möglichkeiten.

Das Allgemeine und das Besondere fasst Oevermann als zwei Parameter. Den ersten Parameter (des Allgemeinen) bestimmt er als die „Menge aller Regeln, die bei Gegebenheit ... einer bestimmten Äußerung oder Handlung determinieren, welche Handlungen oder Äußerungen regelgerecht angeschlossen werden können und welche regelgerecht vorausgehen können". Der zweite Parameter (des Besonderen) gründet sich „in den Determinanten der Selektionsentscheidung", d. h. in der Strukturierung des konkreten Falles (1991, S. 271).

In der Sequenzanalyse werden nun „zunächst mit Bezug auf den ersten Parameter an einer gegebenen Sequenzstelle die durch den sie füllenden Akt bzw. das sie füllende Ausdruckselement regelgemäß eröffneten wohlgeformten Anschlußmöglichkeiten, die pragmatische Erfüllungsbedingungen genannt werden, expliziert ... (analog zu Max Webers ‚gedankenexperimenteller' Explikation ‚objektiver Möglichkeiten'). Sodann wird auf dieser Kontrastfolie das tatsächlich sich daran anschließende nächstfolgende Sequenzelement einer Fallstruktur ... zugerechnet und in seiner objektiven Bedeutung bestimmt" (2000, S. 69; i. O. k.).

Hier zeigt sich: Auf die „objektiven Möglichkeiten", die den ersten Parameter konstituieren, behaupten die objektiven Hermeneut(inn)en also einen Zugriff zu haben. Indem von einer Forschergruppe möglichst viele Interpretationen an den Text herangetragen werden, geben diese Interpretationen „die Kontrastfolie der ‚objektiven' Möglichkeiten ab, die der Fallstruktur prinzipiell offen gestanden hätten, deren Nicht-Wahl aber genau ihre Besonderheit ausmacht" (Oevermann, zit. n. Bohnsack 2007a, S. 85). Objektive Hermeut(inn)en kontrastieren also ihre eigenen gedankenexperimentellen Vergleichshorizonte mit dem empirischen Fall. Die beiden Schritte der objektiven Hermeneutik lassen sich graphisch darstellen (siehe Abbildung 1 und 2).

Bei dieser rekonstruktiven Sequenzanalyse sieht die objektive Hermeneutik von dem Vorwissen, das man zu einem Fall hat (etwa zu dem Beruf einer Interviewpartnerin, zu der organisatorischen Situierung einer Interaktion etc.), d. h. zu den Hinweisen auf seinen „äußeren Kontext" (Oevermann 2000, S. 96), strikt ab. Erst im Zuge der Sequenzanalyse baut man allmählich ein fallimmanentes Kontextwissen, d. h. empirisch aus der Fallrekonstruktion generiertes Wissen zu dem „inneren Kontext" (ebd., S. 95), auf. Da man zunehmend mehr darüber erfährt, wie in dem Fall an vorangegangene Handlungen angeknüpft wurde, lässt sich dieses Wissen für die Rekonstruktion nutzen. „Wenn nun dieser ‚innere Kontext' genügend angewachsen ist, dann bedeutet das, daß die Fallstruktur sich in ihrer Spezifizität und Prägnanz genügend konturiert hat und deshalb die Sequenzanalyse berechtigt abgebrochen werden kann" (ebd.). Hierfür muss zumindest an einem weiteren Segment des Falles eine Reproduktion der zunächst rekonstruierten Fallstruktur identifiziert oder aber deren Transformation festgestellt worden sein.

Nachdem nun die grundsätzliche Vorgehensweise einer objektiv-hermeneutischen Fallrekonstruktion knapp skizziert ist (auf weitere Aspekte gehe ich in Abschnitt 2.2 ein), möchte ich diese kritisch betrachten und mit der dokumentarischen Methode kontrastieren. In der von Oevermann vorgeschlagenen sequenzanalytischen Vorgehensweise ergibt sich – aus der Sicht der dokumentarischen Methode – ein Problem, das auf die methodischen Grenzen einzelfallrekonstruktiver Verfahren im Allgemeinen verweist: Wie Bohnsack schreibt, basiert die von Oevermann angesprochene „Kontrastfolie" der „objektiven Möglichkeiten" auf den „in die interpretativen Kompetenzen des Forschers eingelassenen Normalitätsvorstellungen" (Bohnsack 2007a, S. 85). Mit anderen Worten: Die Forschenden sind, wenn sie gedankenexperimentell die ‚objektiven Möglichkeiten' von Anschlusshandlungen an eine erste Handlung bestimmen wollen, auf ihre eigenen Erfahrungen, theoretischen Kenntnisse und Wissensbestände angewiesen, die jenseits des zu rekonstruierenden Falles liegen, aber die Normalitätsfolie bilden, vor deren Hintergrund der Fall gesehen wird. Damit ist erstens das Problem verbunden, dass der jeweilige Fall „primär im Lichte der Abweichungen von der Nor-

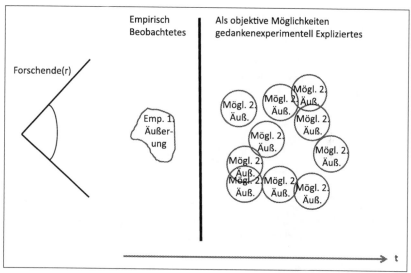

Abb. 1   Gedankenexperimentelle Explikation „objektiver Möglichkeiten"

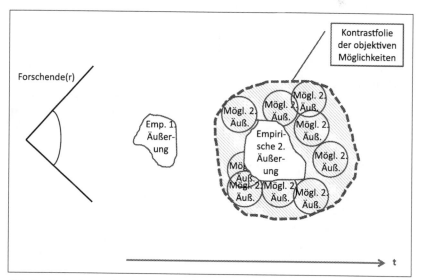

Abb. 2   Beobachtung der empirischen 2. Äußerung auf der Kontrastfolie „objektiver Möglichkeiten"

malitätsfolie" (ebd., S. 84) der Forschenden erscheint. Zweitens unterliegt diese Normalitätsfolie der ‚objektiven Möglichkeiten' keiner empirischen Kontrolle. Es ist unmöglich, die Gedankenexperimente der Forschenden empirisch auf ihre Angemessenheit hin zu überprüfen (vgl. hierzu schon Bohnsack 1983, S. 178 ff).

Demgegenüber geht die dokumentarische Methode prinzipiell davon aus, dass den Forschenden die möglichen Anschlüsse an eine erste Handlung nicht vor deren empirischer Rekonstruktion bekannt sein können. Die Vorerfahrungen und Theorien der Forschenden sind also kein adäquates Mittel, um sog. ‚objektive Möglichkeiten', innerhalb derer sich die weiteren Handlungen bewegen, zu identifizieren. Dies gilt insbesondere dort, „wo das Fremde [der fremde Fall; AMN] in seiner anders gearteten milieugebundenen Normalität begriffen werden soll, in einer Normalität, die aus einer anders gearteten existentiellen und erlebnismäßigen Verankerung resultiert" (Bohnsack 2007a, S. 85). Da in der dokumentarischen Methode von dieser grundsätzlichen Fremdheit ausgegangen wird, sind den Forschenden auch die ‚objektiven Möglichkeiten', unter denen sich ein Fall strukturieren könnte, prinzipiell nicht bekannt.

Gleichwohl verfolgt auch die dokumentarische Methode eine konsequente Sequenzanalyse. Ähnlich wie Oevermann bezieht sich Bohnsack (2001, S. 335 f) hier auf den Pragmatismus, insbesondere auf George Herbert Mead:[3] Wenn eine Äußerung ihre Signifikanz oder Bedeutung im Kontext der Anschlussäußerungen erhält, so konstituiert sich in der Relation von empirisch beobachtbarer erster Äußerung und empirisch beobachtbarer zweiter Äußerung die (implizite) Regelhaftigkeit, die es zu erschließen bzw. zu explizieren gilt. Diese Regelhaftigkeit wird rekonstruiert, indem nach der Klasse von zweiten Äußerungen gesucht wird, die nicht nur thematisch sinnvoll erscheinen, sondern die auch homolog bzw. sinnadäquat zu der empirisch gegebenen zweiten Äußerung sind.

Die Klasse der homologen Äußerungen zur empirisch gegebenen zweiten Äußerung lässt sich nun auf dem Wege des Vergleichs mit minimal bzw. maximal kontrastierenden empirischen Fällen bestimmen: Im Sinne des minimalen Kontrastes wird – neben gedankenexperimentell herangezogenen zweiten Äußerungen – nach empirischen Fällen gesucht, in denen auf eine ähnliche erste Äußerung eine dem ersten Fall homologe Anschlussäußerung folgt. Es geht also darum, Fälle zu finden, in denen die in der ersten Äußerung verbalisierte Problematik

---

3   Ich stütze mich im Folgenden auf den Wortlaut eines gemeinsam mit Bohnsack formulierten Textes (Bohnsack/Nohl 2007, S. 303 f), ersetze aber, um den auf die Interpretation von Gruppendiskussion gemünzten Bezug auf Meads Interaktionstheorie zu vermeiden, die interaktionistische Version der Sequenzialität durch eine allgemein-pragmatistische, wie sie schon in der „pragmatistischen Maxime" von Charles Sanders Peirce angelegt ist (vgl. auch Nohl 2012b).

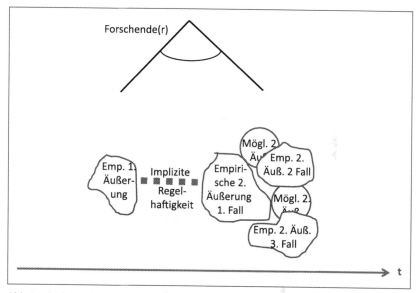

Abb. 3 Suche nach homologen 2. Äußerungen auf der Basis des minimalen Kontrasts

bzw. Thematik auf eine strukturgleiche Art und Weise bearbeitet wurde (siehe Abbildung 3).

Die Bestimmung solcher homologen, funktional äquivalenten Anschlussäußerungen, die zur selben Klasse gehören, ist aber nur dann möglich, wenn sie von anderen, nicht homologen, also heterologen Äußerungen abgegrenzt werden können (siehe Abbildung 4). Die Suche nach Gemeinsamkeiten, d. h. nach homologen, zur selben Klasse gehörenden zweiten Äußerungen setzt immer auch einen Vergleichshorizont nicht dazugehöriger, kontrastierender, d. h. zu anderen Klassen gehörender Anschlussäußerungen voraus. Daher werden an dieser Stelle maximal kontrastierende Fälle in den Vergleich einbezogen. Man rekonstruiert, wie dieselbe in einer ersten Äußerung geschilderte Thematik auch auf eine ganz andere Art und Weise bearbeitet werden kann, welche – zum ersten Fall – heterologen Anschlussäußerungen also in den Kontrastfällen zu finden sind.[4]

---

4 Dabei sollen die in den Graphiken benutzten Charakterisierungen als zweiter, dritter, vierter und fünfter Fall keine Reihenfolge des Samplings implizieren. Bisweilen kann eine frühe maximale Kontrastierung bei der Identifizierung impliziter Regelhaftigkeiten ausgesprochen erkenntnisfördernd sein.

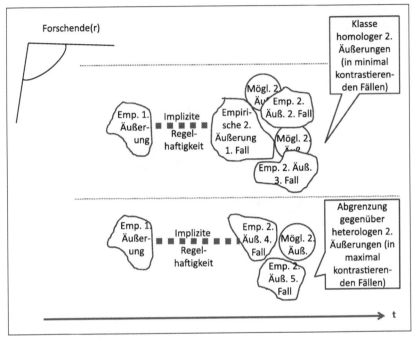

Abb. 4 Identifizierung der Klasse homologer Äußerungen durch Abgrenzung von maximal kontrastierenden Fällen

Zwar werden für die Bestimmung der Klasse homologer Anschlussäußerungen und für deren Abgrenzung gegenüber heterologen Anschlussäußerungen sicherlich immer auch gedankenexperimentelle Vergleichshorizonte genutzt, die – wie ich dies oben der objektiven Hermeneutik vorgeworfen habe – eben stark an die Normalitätserwartungen der Forschenden gebunden sind. Doch gilt es, schon in den ersten Sequenzanalysen die skizzierten Potentiale des empirischen Vergleichs mit minimal und maximal kontrastierenden Fällen zu nutzen. Aus diesem Grund spricht man von einer *komparativen* Sequenzanalyse (vgl. Bohnsack 2001; siehe auch Nohl 2012a, S. 44 ff).

Der komparative Charakter der Sequenzanalyse hat also eine *erkenntniskontrollierende* Funktion: Indem die gedankenexperimentellen Vergleichshorizonte, die zur Bestimmung homologer und heterologer Anschlussäußerungen herangezogen werden, durch empirische Vergleichsfälle ergänzt und tendenziell substituiert werden, lässt sich die „Standortgebundenheit" bzw. „Seinsverbundenheit" (Mannheim 1985, S. 227 ff) der Forschenden, d. h. die Bindung der Erkenntnis an die alltäglich-existentielle Erfahrungswelt der Forschenden, kontrollieren (vgl. Bohnsack 2007a, S. 86 u. Nohl 2007).

Während die objektive Hermeneutik also beansprucht, vorab der Fallanalyse einen Zugang zu den ‚objektiven Möglichkeiten' eines Einzelfalles zu haben, vor deren Kontrastfolie sich dann – in einem *gedankenexperimentellen* Vergleich – die spezifische Selektivität des Falles, d. h. seine Struktur, abzeichnet, ist die dokumentarische Methode von Anfang an durch die komparative Analyse *empirischer* Fälle strukturiert (vgl. Bohnsack 2001, S. 337). Denn die spezifische Selektivität eines Falles, d. h. die Art und Weise, der Orientierungsrahmen, in dem in diesem Fall Probleme bearbeitet werden, lässt sich prinzipiell nur in Relation zu homologen Sequenzen und in Abgrenzung zu heterologen Sequenzen, d. h. zu Sequenzen in anderen Fällen, in denen mit demselben Problem auf andere Weise umgegangen wird, rekonstruieren. In dieser Hinsicht ist in der dokumentarischen Methode Erkenntnis stets an den Fallvergleich gebunden (vgl. Bohnsack 2007a, S. 198 ff u. Nohl 2007).

Die komparative Sequenzanalyse hat aber nicht nur eine erkenntniskontrollierende, sondern auch eine *erkenntnisgenerierende* Funktion. Die Signifikanz der Sequenzialität eines ersten Falles, d. h. die implizite Regelmäßigkeit, die der Abfolge von erster, zweiter und weiterer Äußerungen unterliegt, kann ja den Forschenden überhaupt erst vor dem Hintergrund eines Kontrastes auffallen. Je nachdem, wie dabei der Kontrast gewählt wird, fällt auch die Perspektive aus, die man auf den ersten Fall wirft. Während in der objektiven Hermeneutik diese Perspektive, wie gezeigt, stark durch die Normalitätserwartungen der Forschenden bestimmt ist, kann man in der dokumentarischen Methode durch den Vergleich mit empirischen Kontrastfällen auch andere Aspekte entdecken, die den ersten Fall signifikant machen, die sich aber auf der gedankenexperimentellen Kontrastfolie der Forschenden nicht abgehoben hätten. Das Heranziehen gerade der maximal kontrastierenden Fälle dient also auch dazu, Aspekte in dem ersten Fall zu entdecken, die jenseits der gedankenexperimentellen – und in dieser Hinsicht an die Erfahrungswelt der Forschenden stark gebundenen – Kontrastfolie liegen. Ich werde die erkenntnisgenerierende Funktion der komparativen Sequenzanalyse auch in dem Forschungsbeispiel in Kapitel 4 deutlich machen.

2.2 Typisierung von Fällen oder Kategorienbildung in Falldimensionen?

Mit der Unterscheidung von Einzelfallrekonstruktion und komparativer Analysehaltung ist auch die Frage eng verknüpft, welche Ergebnisse die qualitative Sozialforschung erzielt. So ergibt sich für die objektive Hermeneutik (aber auch für andere, an sie anknüpfende Verfahren) eine starke Konzentration auf den Fall, während in anderen Verfahren, u. a. in der Grounded Theory und der dokumentarischen Methode, Dimensionen der Erfahrung und Praxis rekonstruiert werden, die quer zum Fall liegen können. Ich möchte im Folgenden zunächst erneut auf die objektive Hermeneutik und auf den eng mit ihr verbundenen Ansatz von Gabriele Rosenthal eingehen, um dann vor dieser Kontrastfolie jene Ansätze herauszuarbeiten, in denen Falldimensionen typisiert werden.

Objektive Hermeneutik

Die objektive Hermeneutik zielt auf die Rekonstruktion von „Fallstrukturgesetzlichkeiten" (Oevermann 2000, S. 119), mit denen die Generalisierungen, die in jedem einzelnen Fall vorliegen, herausgearbeitet werden können. Jedem Fall sei – so lässt sich Oevermann verstehen – eine Generalisierung inhärent, insofern in dem Fall ja über mehrere Abschnitte (und d. h. über mehrere unterschiedliche Problemstellungen und Themen) hinweg dieselbe Art und Weise, mit diesen umzugehen, rekonstruiert werden kann. Diese Fallstruktur ist also gegenüber jedem einzelnen Ereignis generalisiert. Wenn eine Rekonstruktion zu Ende geführt sei, könne daher eine „Strukturgeneralisierung" (ebd., S. 118) vorgenommen werden.

In der Grundlagenforschung werde man – im Unterschied zur angewandten Forschung oder professionellen Praxis – „natürlich niemals mit der Rekonstruktion eines einzelnen Falles sich begnügen wollen, sondern die Generalisierungsbasis erweitern um zusätzliche, untereinander möglichst kontrastive Fälle" (ebd., S. 127). Die objektive Hermeneutik nutzt also ebenfalls die komparative Analyse empirischer Fälle. Allerdings betont Oevermann, dass die Strukturgeneralisierung zu einem Fall abgeschlossen sein müsse, bevor der Vergleich mit einem anderen Fall beginnen könne. Die komparative Analyse vollzieht sich, „indem man erst nach der Vollendung der Rekonstruktion des jeweils zuletzt erhobenen Falles den nachfolgenden Fall nach dem Kriterium der maximalen Kontrastierung zu den vorausgehenden Fällen erhebt und auswertet" (ebd., S. 99).

Dies bedeutet aber, dass die komparative Analyse nicht zur Rekonstruktion des einzelnen Falles beitragen soll (wie dies bei der dokumentarischen Methode mit der komparativen Sequenzanalyse vorgesehen ist), sondern erst an den vollständig rekonstruierten Fällen ansetzt. Damit dient der Vergleich nicht so sehr der Erkenntnisgenerierung oder gar -kontrolle, sondern vornehmlich der Erweiterung der Forschungsperspektive auf bisher nicht in den Blick geratene Fälle. Dies wird auch in folgendem Zitat deutlich, in dem sich Oevermann von einer in quantifizierenden Verfahren üblichen „empirischen Generalisierung" abgrenzt:

„Das Kriterium der Erweiterung wird dann sein: die qualitative, typologische Verschiedenheit der Erscheinungen im Universum möglichst gut auszuloten und ein Übersehen von für die allgemeine Untersuchungsfrage relevanten Typen zu verhindern. Dieses Kriterium ist wiederum keines für die Logik der empirischen Generalisierung, sondern der Strukturgeneralisierung und Typenbildung" (ebd., S. 128).

Auch wenn Oevermann dies hier nicht explizit schreibt, implizieren seine Formulierungen, dass die Typenbildung unmittelbar bei den Fällen ansetzt, dass es also Fälle zu typisieren gilt. Da überdies vornehmlich maximal kontrastierende Fälle in den Vergleich einbezogen werden sollen (s. o.), dürfte für die Identifizierung eines jeden Typus ein Fall ausreichen. Damit wird die Strukturgeneralisierung, die für den einen Fall vorgenommen wird, unmittelbar zum Typus. Wenn somit jeder Fall in sich eine spezifische Generalisierung einer Lebenspraxis darstellt, macht es Sinn, diese Fälle typisierend nebeneinander zu stellen (siehe Abbildung 5).

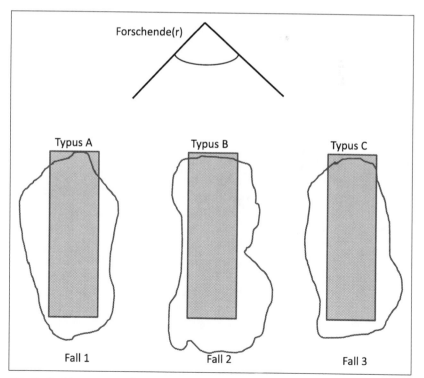

Abb. 5   Typisierung von Fällen in der objektiven Hermeneutik

Der Ansatz von Rosenthal

Auch Gabriele Rosenthal, die in ihrem Ansatz die objektive Hermeneutik um die „Erzähl- und Textanalyse nach Fritz Schütze" ergänzt (2011, S. 54), geht von einer „Logik des Verallgemeinerns und der Entdeckung sowie Überprüfung von in im Untersuchungsverlauf gewonnenen Hypothesen am Einzelfall" aus (ebd., S. 13). Die „Typenbildung am Einzelfall" (ebd., S. 54 f) wird in ihrem Verfahren durch „kontrastive Vergleiche" (ebd., S. 74) eher ergänzt als ermöglicht. Dies hat auch mit Rosenthals spezifischem Verständnis des Typischen zu tun, bei dem sie Oevermanns Überlegungen mit Kurt Lewins Gestalttheorie verknüpft. Sie schreibt: „Bestimmend für die Typik eines Falles sind die Regeln, die ihn erzeugen und die die Mannigfaltigkeit seiner Teile organisieren" (ebd., S. 75). Es geht daher auch nicht um die einzelnen Bestandteile der Fälle (die sich durchaus voneinander unterscheiden können), sondern um die konstitutiven Regeln bzw. „Gestalten", die die einzelnen Bestandteile miteinander zu einem Ganzen verbinden:

> „Eine Typenbildung in diesem gestalttheoretisch-strukturalistischen Verständnis bedeutet, die Gestalt des zu untersuchenden sozialen Geschehens – ob nun eines Familiengesprächs, einer biographischen Erzählung oder eines Zeitungsartikels – und die zugrunde liegenden Regeln ihrer Konstitution zu rekonstruieren und nicht wie bei einer deskriptiven Typenbildung einzelne Merkmalskriterien summativ zusammenzufassen. Nur dann kann der kontrastive Vergleich im Sinne des Vergleichs von strukturell ähnlichen mit strukturell verschiedenen Fällen gelingen, der zu einer weiteren Modellbildung dient" (Rosenthal 2011, S. 75).

Die Typenbildung bezieht sich also – wie bei Oevermann – unmittelbar auf den Fall, der hinsichtlich seiner konstitutiven Regeln als Typus gesehen wird. Erst im Anschluss hieran werden andere, durch Fälle repräsentierte Typen über den „kontrastiven Vergleich der abgeschlossenen Fallrekonstruktionen" (ebd., S. 95) gesucht. Rosenthal verweist an dieser Stelle auf den „minimal kontrastiven" und den „maximal kontrastiven Vergleich" (ebd.), wobei sie unterstreicht, dass über die Frage, ob ein Fall mit dem vorangegangenen in einem minimalen oder maximalen Kontrast steht, nicht vorab der Rekonstruktion, sondern erst hernach entschieden werden kann. Die Gesamtschau der unterschiedlichen Typen ermöglicht dann eine „Modellbildung", in der es um die empirische Frage geht, „welche unterschiedlichen Antworten sich auf ein bestimmtes soziales Problem finden lassen" (ebd., S. 94 f).

Diese Vorgehensweise, bei der die komparative Analyse der Fallrekonstruktion und Typenbildung gewissermaßen nachhinkt, hat m. E. den Nachteil, dass die empirischen Ergebnisse in besonders starkem Maße von der Standortgebundenheit der Forschenden und ihrem Erkenntnisinteresse abhängig bleiben. Wie in Abschnitt 2.1 dargestellt, ist eine Fallrekonstruktion, die im Zuge der Interpretation nur mit gedankenexperimentellen, nicht aber mit (in Kontrastfällen) empirisch fundierten Vergleichshorizonten arbeitet, eng an die Erfahrungen und Theorien der Forschenden gebunden – selbst wenn es sich um eine Forschergruppe mit einem breiten Schatz an Theorien und Erfahrungen handelt. Darüber hinaus ergibt sich kein Korrektiv gegenüber der wissenschaftlichen Fragestellung, mit der die Forschenden an ihre Fälle herantreten. Hierauf wird auch von Rosenthal selbst hingewiesen: „Die Konstruktion eines Typus, d.h. die Formulierung seiner äußeren Gestalt, orientiert sich an unserer Fragestellung, die je nach unserem Forschungsinteresse sehr unterschiedlich sein kann" (ebd., S. 79). Während, wie noch zu zeigen sein wird, in Verfahren wie der dokumentarischen Methode die Ausgangsfragestellung durch die komparative Analyse relativiert und neue relevante Fragestellungen entdeckt werden können (indem in Vergleichsfällen u.U. implizite Regelhaftigkeiten rekonstruiert werden, die Typiken jenseits der wissenschaftlichen Ausgangsfragestellung implizieren), gibt es hierfür in Rosenthals und Oevermanns Verfahren keine methodische Vorkehrung.

Noch entscheidender ist allerdings, dass in der objektiven Hermeneutik genauso wie in Rosenthals Ansatz der Typus stets fallbezogen ist und mithin Fälle in ihrer Gesamtgestalt typisiert werden. Demgegenüber werden in der Grounded Theory und der dokumentarischen Methode Typiken in Bezug auf die unterschiedlichen Dimensionen gebildet, die quer zu den Fällen liegen und sie gewissermaßen durchschneiden (s.u.).

Dass Oevermann und Rosenthal ihre Typenbildung stets auf Fälle beziehen, wird gerade dort deutlich, wo sie im zu interpretierenden Text auf eine Heterogenität der Sinnmuster treffen, die sich nicht mehr als Ausdrucksgestalt eines einzigen Falles begreifen lässt. An dieser Stelle gehen sie nicht von der Möglichkeit aus, dass der Fall in sich mehrdimensional ist, sondern ausschließlich davon, dass sich im Text andere, höher aggregierte Fallstrukturen niederschlagen. Bei Oevermann (2000, S. 125) heißt es hierzu:

„Mit jeder Fallrekonstruktion wird nicht nur die Fallstruktur bekannt, die den Gegenstand der Rekonstruktion von vornherein bildete, sondern es werden auch generalisierungsfähige Erkenntnisse über die Fallstrukturen von – in der Regel höher aggregierten – sozialen Gebilden gewonnen, in denen der analysierte Fall Mitglied ist, denen er zugehört oder in die er sonstwie eingebettet ist."

Rosenthal gibt hierfür das Beispiel des biographischen Interviews mit einer Person namens Galina. Sie schreibt, dass sich „ausgehend von der Rekonstruktion der Biographie Galinas durchaus Annahmen über die Fallstruktur ihrer Familie oder über die strukturbildenden Merkmale ihrer Generation ableiten" ließen (2011, S. 209). Rosenthal wie auch Oevermann nehmen also für sich in Anspruch, anhand eines auf der Individualebene liegenden Interviews generationstypische Merkmale erkennen zu können. Diese erste „Hypothese" müsse dann aber mit „Hilfe eines kontrastiven Vergleichs mit anderen Personen dieser Generation" weiter verfolgt werden (Rosenthal 2011, S. 209).

Charakteristisch für die Ansätze von Oevermann und Rosenthal ist, dass die unterschiedlichen Fallstrukturen, die sich in dem zu interpretierenden (Interview-)Text manifestieren, immer auf *unterschiedlichen Ebenen* angesiedelt zu sein scheinen. Rosenthal spricht in ihrem Beispiel von der Biographie, der Familienstruktur und der Generation, in die – russischen Matrjoschka-Puppen gleich – der Text verschachtelt ist (Abbildung 6).

Mit dieser impliziten Vorstellung einer Verschachtelung von Fallstrukturen taucht dann die Frage, ob es auf *einer* Ebene (z. B. der Mesoebene von Milieus) *unterschiedliche Dimensionen* der Praxis und Erfahrung geben könnte, überhaupt nicht mehr auf. Eine Verschachtelung impliziert damit letztlich eine Hierarchisierung von Fallstrukturen, während andere Auswertungsverfahren, wie die Grounded Theory oder die dokumentarische Methode, auch von der Binnenheterogenität *einer* Fallstruktur ausgehen, insofern Differentes auf *einer* Ebene angesiedelt sein kann.[5]

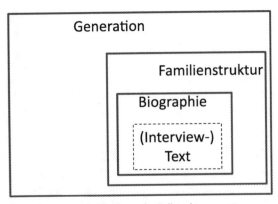

Abb. 6 Die Verschachtelung der Fallstrukturen

---

5   Dies bedeutet aber nicht, in den genannten Verfahren würde die Möglichkeit einer Auffächerung sozialer Ebenen geleugnet (siehe Kapitel 5).

Grounded Theory

Der Einzelfall spielt in der Grounded Theory von Barney Glaser und Anselm Strauss (1969) eine denkbar geringe Rolle, gilt es doch vor allem, neue Theorien zu entwickeln. Deren „Generierung durch die komparative Analyse bedarf einer Vielzahl von Fällen" (ebd., S. 30). Theorien basieren in diesem Ansatz auf „konzeptionellen Kategorien", ihren „Eigenschaften" und den „generalisierten Beziehungen zwischen den Kategorien" (ebd., S. 35). Diese Kategorien, so schreiben die Autoren, werden nicht aus der Einzelfallanalyse heraus entdeckt, sondern im Rahmen des Fallvergleichs:

> „The constant comparing of many groups draws the sociologist's attention to their many similarities and differences. Considering these leads him to generate abstract categories and their properties, which, since they emerge from the data, will clearly be important to a theory explaining the kind of behavior under observation" (ebd., S. 36).

Der Vergleich hat aus dieser Sicht also vor allem eine erkenntnisgenerierende Funktion und ist daher auch als „constant comparative method" (ebd., S. 101) angelegt.

In ihren teilnehmenden Beobachtungen in Krankenhausabteilungen haben Glaser und Strauss sowohl unterschiedliche Krankenhäuser in das Sample aufgenommen als auch unterschiedliche Bevölkerungsgruppen, die dort gepflegt wurden. Aus der vergleichenden Analyse dieser Gruppen – als „Gruppen" bezeichnen Glaser und Strauss Fälle auf unterschiedlichen Ebenen, von „Aggregaten" bis zu „einzelnen Leuten" (ebd., S. 47, FN) – entwickelten sie z. B. die theoretische Kategorie des „social loss" (ebd., S. 23). Mit dieser Kategorie wird der gesellschaftliche (verwandtschaftliche wie auch berufliche) Verlust bezeichnet, den das Ableben einer Person bedeuten würde. Aus der komparativen Analyse der Pflege von gesellschaftlich hoch geschätzten Personen und „Schwarzen aus der Unterschicht" heraus stellen sie die Hypothese auf, „that patients who have high social loss will receive better care than those who have low social loss" (ebd., S. 24).

Die Ereignisse, die die Forschenden beobachten, lassen sich jedoch nicht nur unter eine Kategorie (etwa diejenige des sozialen Verlusts) fassen. „The analyst starts by coding each incident in his data into as many categories of analysis as possible, as categories emerge or as data emerge that fit an existing category" (ebd., S. 105). In ihrer Krankenhausstudie haben Glaser und Strauss neben der Kategorie des sozialen Verlusts noch eine zweite Kategorie mit dem Potential der Theoriebildung entwickelt, jene des „awareness contexts". Im Vergleich von amerikanischen mit japanischen Krankenhäusern, aber auch von Krankenhäusern der Regelversorgung und solchen für Gefangene und Kriegsveteranen, wurde deutlich, dass in den amerikanischen Standard-Krankenhäusern die Sterbenden nicht über ihre Situation informiert werden, während es in Japan und bei amerikanischen Gefangenen und Veteranen einen „open awareness context" gibt (ebd., S. 25): Die Patient(inn)en sind sich dort im Klaren darüber, was die Ärzte über sie denken (dass sie nämlich sterben werden).

In den miteinander verglichenen Fällen („incidents" bzw. „groups") werden also jeweils mehrere Kategorien entdeckt, die aber durchaus zueinander in Beziehung stehen können. Es ist mithin nicht – wie in der objektiven Hermeneutik – der Fall, aus dem heraus eine „Strukturgeneralisierung" (Oevermann 2000, S. 58) stattfindet; vielmehr werden im Fallvergleich unterschiedlich dimensionierte Kategorien entwickelt, die dann der Theoriebildung dienen (siehe Abbildung 7).

Glaser und Strauss (1969, S. 32) unterscheiden dabei zwischen zwei Arten von Theorie: der Gegenstandstheorie („substantive theory") und der formalen Theorie („formal theory"). Je nachdem, welche Art von Theorie entwickelt werden soll, fällt die Wahl der Vergleichsfälle, die von Glaser und Strauss übergreifend „Gruppen" genannt werden, anders aus. Während zur Entwicklung einer Gegenstandstheorie Fälle aus ein und demselben Gegenstandsbereich untersucht werden müssen, müsse die Entwicklung einer formalen Theorie auf Fälle aus unterschiedlichen Gegenstandsbereichen zurückgreifen (vgl. ebd., S. 33).

Um etwa den oben nur als gegenstandsbezogene Kategorie entwickelten Begriff des „awareness context" zu einer formalen Kategorie weiterzuentwickeln, untersuchen Glaser und Strauss zusätzlich andere Gegenstandsbereiche, wie etwa den Autokauf und -verkauf, Spionage, oder Schwarze, die als Weiße durchzugehen hoffen (ebd., S. 83). Unter „awareness context" verstehen sie dabei „the total combination of what each interactant in a situation knows about the identity of

Entdeckung der Kategorien

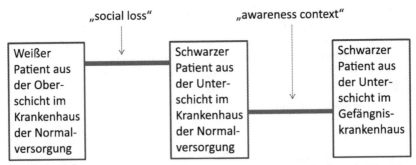

Abb. 7 Entdeckung unterschiedlich dimensionierter Kategorien in der Grounded Theory

the other and his own identity in the eyes of the other" (1964, S. 670). Sie schlagen dann vor, die Ausgangskategorie des „awareness context" in Bezug zu anderen Kategorien zu stellen:

> „The signs or indicators of an interactant's status may vary in *visibility* to the other interactants. Different *numbers of interactants* can be involved … Different *numbers of groups* can be represented by the interactants. The *ratios of insiders and outsiders* present during the interaction may vary (one patient and dozens of staff members, … one Negro, five ‚wise' people who know his secret, and millions of white and Negro persons who do not). The positions of interactants may also vary *hierarchically* … And of course the *stakes* of the interaction may vary tremendously" (1969, S. 83; H. i. O.).

Zentral für die Entwicklung formaler Kategorien ist also, dass sie gerade nicht aus einem Einzelfall heraus rekonstruiert werden, sondern aus der komparativen Analyse einer ganzen Anzahl von Fällen, die in unterschiedlicher Weise miteinander kontrastieren. Diese Kontraste werden sowohl durch eine Variation des Gegenstandsbereichs (Sterbeabteilung im Krankenhaus vs. Interaktion mit Schwarzen, die als Weiße durchzugehen versuchen) als auch durch die Variation innerhalb eines Gegenstandsbereiches (nach der Hierarchie, der Anzahl der Personen in der Interaktion oder der Visibilität, s. o.) erzielt. Die Kategorie lässt sich dabei umso besser von einem Gegenstandsbereich ablösen, je stärker auch noch das unvergleichbar Erscheinende miteinander verglichen wird. Daher schlagen Glaser und Strauss vor: „anyone who wishes to discover formal theory should be aware of the usefulness of comparisons made on high level conceptual categories among the seemingly non-comparable" (ebd., S. 54). Gerade hierfür sind maximale Kontraste sehr geeignet (vgl. ebd., S. 55).

Die Grounded Theory ist in ihrer ursprünglichen Fassung von 1969 eine Quelle der Inspiration für unterschiedlichste Ansätze qualitativer Sozialforschung gewesen. Selbst Ansätze, die den Vergleich erst nach der Einzelfallrekonstruktion ansetzen (hierzu zählt neben dem Auswertungsverfahren von Rosenthal auch die Narrationsstrukturanalyse von Fritz Schütze, siehe dazu Nohl 2012a, S. 30 ff), orientieren sich in bestimmten Aspekten an dem Klassiker von Glaser und Strauss. In besonderem Maße hat die „constant comparative method" der Grounded Theory aber diejenigen Auswertungsverfahren beeinflusst, die fallvergleichend vorgehen und die verschiedenen Dimensionen der Fälle dazu nutzen, Kategorien bzw. Typen zu bilden. Hierzu zählen neben dem Kodier-Verfahren von Strauss und Corbin u. a. die Typenbildung nach Kelle und Kluge sowie die dokumentarische Methode. Auf diese unterschiedlichen Formen der Kategorien- und Typenbildung soll im nächsten Abschnitt eingegangen werden.

2.3 Formen qualitativer Typenbildung

Viele Jahre nach Erscheinen seines gemeinsam mit Glaser verfassten Buches (Glaser/Strauss 1969) hat Anselm Strauss (z. T. in Zusammenarbeit mit Juliet Corbin) der Grounded Theory eine Richtung gegeben, die er selbst als das „Kodier-Paradigma" (Strauss 1987, S. 18) bezeichnet. Diese Richtung ist nicht nur auf das Missfallen seines früheren Koautors Glaser gestoßen (zu diesem Konflikt vgl. Strübing 2011 u. Kelle 2011), sie wurde auch in der deutschsprachigen qualitativen Sozialforschung kritisiert. Bevor ich hierauf eingehe, möchte ich einige zentrale Elemente des Kodier-Verfahrens erläutern, wobei ich auf die vielen Aspekte, die Strauss aus der ursprünglichen Grounded Theory beibehalten hat, nicht weiter eingehen werde.

Strauss beschreibt die Erstellung von Codes als einen Prozess, in dem unterschiedliche Indikatoren, welche aus den beobachteten Handlungspraktiken bestehen, miteinander verglichen werden: „Many indicators (behavioral actions/ events) are examined comparatively by the analyst who then ‚codes' them, naming them as indicators of a class of events/behavioral actions. He or she may give this class a name, thinking of it then as a coded category" (1987, S. 25). Dies erinnert an eine sequenzanalytische Vorgehensweise, zumal Strauss betont, es ginge hier nicht um eine einfache „Übersetzung" des Interviewtextes, mit der die Interpretation weitgehend auf einer „deskriptiven Ebene" (ebd., S. 29) bleibe, sondern um die „Entwicklung theoretischer Kategorien" (ebd.). Allerdings erläutert er nicht näher, wie dies vonstattengehen soll. Dabei weisen die Abgrenzung von der immanenten Wiedergabe des Beobachteten/des Interviewtextes, der Vergleich der Handlungspraktiken und die erst hierauf folgende Klassifizierung gewisse Parallelen zur komparativen Sequenzanalyse in der dokumentarischen Methode auf.

Anselm Strauss unterscheidet dann zwischen drei unterschiedlichen Formen des Kodierens, dem „offenen", „axialen" und „selektiven" Kodieren. Das offene Kodieren dient dazu, die Erkundung des Gegenstandsbereiches überhaupt erst einmal zu ‚öffnen' (ebd., S. 29), also erste Ideen, Konzepte und Kategorien zu entwickeln, die für den untersuchten Gegenstand von Bedeutung sein könnten. Da Strauss neben einer eher überblicksartigen Sichtung der Daten (vgl. ebd., S. 31) auch davon spricht, die Daten „line by line, or even word by word" (ebd., S. 28) zu analysieren, sieht Rosenthal (2011, S. 227) hier noch die größte Nähe zu einem sequenzanalytisch-rekonstruktiven Ansatz.[6]

Im axialen Kodieren gilt es dann aber, um die ‚Achse' jeweils einer Kategorie herum deren Beziehungen zu anderen Kategorien zu untersuchen (vgl. Strauss

---

6 Przyborski/Wohlrab-Sahr sprechen sogar unmittelbar von einer „sequentiellen Analyse" (2008, S. 205).

1987, S. 32 f). Hier findet dann schon ein selektiverer Zugriff auf die Einzelfälle statt, insofern nur noch jene Daten in den Blick geraten, die im Umfeld der jeweils untersuchten Kategorie liegen. Das axiale Kodieren setzt das offene Kodieren aber voraus, wobei Letzteres parallel zu Ersterem weiterläuft. Aus diesem Grund ist auch hier noch ein starker Bezug zu den jeweiligen Fällen möglich, wenngleich nicht unbedingt methodisch nahegelegt oder notwendig.

Vollends jenseits der Binnenlogik von Einzelfällen liegt schließlich das „selektive Kodieren", bei dem jene Kategorien, die sich in der Untersuchung als zentral erwiesen haben, nunmehr das weitere theoretische Sampling und die Datenerhebung steuern (ebd., S. 33). Hier geraten nun nur noch solche Phänomene in den Blick der Forschenden, die einen Bezug zur Schlüsselkategorie haben. Hinsichtlich des selektiven, und mit Abstrichen auch des axialen Kodierens ist daher Rosenthal sicherlich Recht zu geben, wenn sie schreibt, hier würde „das Textmaterial mit Hilfe von allgemeinen Kategorien" strukturiert, d. h. „eingeteilt und neu sortiert" (Rosenthal 2011, S. 17). In einem derartigen „subsumtionslogischen Verfahren" werden, wie sie in Anlehnung an Oevermann schreibt, „Textsegmente … aus dem Sinnzusammenhang ihrer Entstehung herausgenommen und Kategorien zugeordnet". Hierbei sieht sie „strukturell" keinen Unterschied zwischen einer induktiven Entwicklung der Kategorien (wie sie der Grounded Theory zuzugestehen ist) und einer deduktiven Ableitung aus Theorien (Rosenthal 2011, S. 55). Demgegenüber wird – so Rosenthal – in einem rekonstruktiven und sequenziellen Verfahren

> „gerade die zeitliche Struktur oder sequenzielle Gestalt des Textes als wesentliche Grundlage für die Interpretation genommen. Es wird rekonstruiert, wie sich der Text aufbaut und jede einzelne Sequenz wird in ihrer Einbettung in die Gesamtgestalt betrachtet. Dadurch wird es möglich, nicht nur wie meist bei inhaltsanalytischen Verfahren den *manifesten* Gehalt des Textes, sondern auch den *latenten* Gehalt zu erfassen, den Sinn, der ‚zwischen den Zeilen' liegt" (Rosenthal 2011, S. 17 f).

So sehr hier Rosenthal hinsichtlich der Betonung von Rekonstruktion und Sequenzialität beizupflichten und daher die Wendung, die Strauss der Grounded Theory gegeben hat, kritisch zu sehen ist, muss jedoch die Annahme, dass die „Gesamtgestalt", in der eine Sequenz gesehen werden soll, sich immer nur im *Fall* konstituiert, aus der Sicht der dokumentarischen Methode in Frage gestellt werden. Wie weiter oben bereits gezeigt, können Textsequenzen auch in ihrer Bedeutung für unterschiedliche *Dimensionen* des Falles – vergleichend – analysiert werden.

Typenbildung nach Kelle und Kluge

Die Ausrichtung, die Strauss der Grounded Theory gegeben hat, ist eine der Quellen, an die auch der zweite hier zu diskutierende Ansatz anknüpft. Selbst wenn Udo Kelle und Susann Kluge ihre breit rezipierten Überlegungen zur Typenbildung in der qualitativen Sozialforschung nur ungern als eigenständigen Ansatz bezeichnen lassen, sondern den unterschiedlichen vorliegenden Ansätzen einen „methodologischen Rahmen geben" möchten (2010, S. 8), ist auch dieser – wie alle wissenschaftlichen Überlegungen – notwendig einer bestimmten Perspektivität mitsamt deren Potentialen und Restriktionen geschuldet.

Gegenüber einer bestimmten Lesart der Grounded Theory, die einem „induktivistischen Selbstmissverständnis" (ebd., S. 18, vgl. auch Kelle 2011) von Glaser und Strauss aufsitzt, bestehen Kelle und Kluge (2010, S. 23) darauf, dass „qualitativ entwickelte Konzepte und Typologien gleichermaßen empirisch begründet und theoretisch informiert sein müssen". So können neue Daten überhaupt nur dann als neu und überraschend erscheinen, wenn man sie vor dem Hintergrund des bisherigen Wissens betrachtet. Das „theoretische und sonstige Vorwissen" der Forscherin erlaube „es ihr einerseits, eine Anomalie überhaupt als solche wahrzunehmen, und dient andererseits als Material für die Formulierung neuer Hypothesen" (ebd., S. 26). Das aus dem Bekannten herausfallende empirische Datum verlange nach einer neuen Erklärung, die aber nur vor dem Hintergrund des bisherigen Wissens kreiert werden kann. Der Forscher werde „durch das unvermittelte Auftauchen eines unerwarteten Phänomens dazu angeregt ..., eine neue Klasse zu konstruieren bzw. eine neue Regel zu finden" (ebd., S. 25). Dieses nach Charles Sanders Peirce als Abduktion bezeichnete Schlussfolgern sei allerdings „hochgradig riskant", insofern die „gefundenen Erklärungen ... völlig abseitig und falsch sein" können (ebd.).

Das Zusammenspiel von (theoretischem) Vorwissen und Entwicklung neuer Hypothesen ist, so Kelle und Kluge, nicht nur hinsichtlich des Vergleichs und der Typenbildung, sondern schon bei der *Kodierung* des Datenmaterials von hoher Bedeutung. Kelle und Kluge unterscheiden hier zunächst zwischen zwei Formen theoretischen Wissens: erstens dem „empirisch gehaltvollen Theoriewissen" und zweitens „allgemeinen theoretischen Konzepten, die als Heuristiken eine theoriegeleitete Beschreibung empirischer Sachverhalte ermöglichen" (ebd., S. 39) und die dem nahe kommen, was in der dokumentarischen Methode als Grundlagentheorie (etwa zum „konjunktiven Erfahrungsraum", zur „Biographie" etc.) bezeichnet wird.

Vor dem Kodierprozess ziehe man „als heuristischen Rahmen empirisch gehaltlose theoretische Kategorien und Alltagskonzepte" (ebd., S. 70) heran, die die empirische Analyse leiten, ohne den empirischen Ergebnissen vorzugreifen (bzw.

die empirischen Daten unter vorgefertigte Kategorien zu subsumieren). Im Zuge der Kodierung des empirischen Materials sollte man dann sowohl auf vorhandene (theoretische) Kategorien zurückgreifen, so diese denn zu den empirischen Daten passen, als auch – im Sinne einer „abduktiven Kodierung" (ebd., S. 61) – neue Kategorien entwickeln. Insgesamt dürfe man aber „die hypothesengenerierende und theoriebildende Funktion qualitativer Forschung" nie aus dem Auge verlieren; dabei gelte es, einen „Zugang zu den Relevanzen, Weltdeutungen und Sichtweisen der Akteure zu finden" (ebd., S. 70).

Für den Vergleich wird das Vorwissen letztlich schon bei der Identifizierung relevanter Fälle genutzt, d. h. beim *Sampling*. Hier gelte es, analog zur quantitativen Forschung, auf eine „möglichst unverzerrte Stichprobe" (ebd., S. 41) zu achten und die für die Fragestellung und das „Untersuchungsfeld relevanten Fälle" (ebd., S. 42) in die Studie einzubeziehen. Aus diesem Grund sei eine „kriteriengesteuerte Fallauswahl und Fallkontrastierung" (ebd., S. 43) notwendig, die sich auf eine oder mehrere der folgenden Strategien stützt:

„1. Die Fallkontrastierung anhand von Gegenbeispielen", bei der „eine Hypothese durch die systematische Suche nach empirischer Gegenevidenz sukzessive entwickelt und modifiziert" wird;

2. das Theoretical Sampling im Sinne von Glaser und Strauss, bei dem „die Kriterien für die Auswahl des jeweils nächsten Falls nach Maßgabe der im Forschungsprozess entstehenden Hypothesen und Theorien definiert werden sollen";

3. der Einsatz von „qualitativen Stichprobenplänen" vorab der empirischen Erhebungen (ebd., S. 43). Hierbei kommt das Vorwissen – so es denn in ausreichendem Maße vorhanden ist – dadurch zum Einsatz, dass „Auswahlmerkmale" theoretisch definiert werden, sodass der „Stichprobenumfang und Ziehungskriterien vor der Erhebung festgelegt" werden können (ebd., S. 50).

Sicherlich wird man in der Forschungspraxis diese Strategien miteinander kombinieren, auch, um die Nachteile einer einseitigen Strategie zu vermeiden. Schittenhelm etwa merkt zu Recht an, dass eine alleine an einem Stichprobenplan orientierte Untersuchung „wenig Raum für die Entdeckung neuer Gesichtspunkte" lasse, „die im Vorfeld nicht antizipierbar" waren (2009, S. 10).

Auch noch bei der Typenbildung spielt das Vorwissen bei Kelle/Kluge eine erhebliche Rolle. Dies gilt insbesondere für die „Erarbeitung relevanter Vergleichsdimensionen" (Kelle/Kluge 2010, S. 93), die am Anfang der Typenbildung steht. Hier werden Kategorien gesucht, die den Vergleich strukturieren, wobei auf bekannte Theorien, aber auch auf die bei der Kodierung des empirischen Materials neu entwickelten Kategorien sowie auf die etwa in Interviews angeschnittenen Themen zurückgegriffen wird. Die so gefundenen Kategorien sollen es ermöglichen, dass „die Fälle, die einer Merkmalskombination zugeordnet werden, sich möglichst ähneln, wobei aber zwischen den einzelnen Gruppen bzw. Merkmalskombinationen maximale Unterschiede bestehen sollen" (ebd., S. 93). Es geht also darum, solche Vergleichsdimensionen zu finden, bei denen innerhalb eines Typus eine möglichst hohe Homogenität herrscht, während gegenüber anderen Typen derselben Vergleichsdimension eine möglichst große Heterogenität bestehen soll.

Diese Verfahrensweise, die letztlich dem Sampling mithilfe minimaler und maximaler Kontraste entspricht, wird dann in eine „Gruppierung der Fälle" in Form eines mehrdimensionalen „Merkmalsraums" überführt (ebd., S. 94). Erst im Anschluss an die Erstellung dieses Merkmalsraumes kommt es zur „Analyse empirischer Regelmäßigkeiten", (ebd., S. 94), bei der es gilt, „die interne Homogenität der gebildeten Gruppen zu überprüfen" (ebd., S. 101) wie auch die Frage zu klären, ob sich die einzelnen Gruppen (die im Merkmalsraum voneinander getrennt werden) hinlänglich unterscheiden.

In einem dritten Schritt gelangt man dann erst zur Interpretation der „Sinnzusammenhänge", die der jeweiligen Merkmalsgruppe unterliegen. Es geht, so Kelle/Kluge (2010, S. 101) im Anschluss an Max Weber, um das Erfassen des „„objektiven"" und „subjektiv gemeinten Sinns". Hierbei werden u. U. diejenigen Merkmalsgruppen, die nicht sinnvoll oder relevant erscheinen, ausgelassen und nur jene Kombinationen von unterschiedlich dimensionierten Typen (z. B. eine hohe Delinquenzbelastung in Kombination mit einem erfolgreichen Berufsverlauf) weiter untersucht, die von besonderem Interesse sind.

Wichtig ist an dieser Stelle der Hinweis, dass bei diesem Schritt oftmals „überraschende Befunde identifiziert" (ebd., S. 103) werden, die in die bisherigen Vergleichsdimensionen nicht hineinpassen und mithin zur Identifikation neuer Vergleichsmöglichkeiten führen, die für eine „weitere Runde des Typenbildungszyklus" (ebd., S. 104) genutzt werden können. Während also der erste Typenbildungszyklus – in klarem Kontrast zum induktivistischen Selbstmissverständnis der Grounded Theory nach Glaser/Strauss (1969) – noch stark von theoretischem Vorwissen abhängig gemacht wurde, kann in weiteren Zyklen vermehrt auf sinnrekonstruktive empirische Ergebnisse zurückgegriffen werden, die dann die Typenbildung leiten. Der Prozess der Typenbildung wird dann durch eine „Charakterisierung der gebildeten Typen" (Kelle/Kluge 2010, S. 105) abgeschlossen, wobei zu ihrer Darstellung auch prototypische Fälle herangezogen werden können.

Die Ausrichtung, die Kelle und Kluge der Typenbildung geben, weist also deutliche Unterschiede, aber auch Gemeinsamkeiten mit der Grounded Theory

und, wie wir gleich sehen werden, der dokumentarischen Methode auf.[7] Insbesondere nehmen auch Kelle und Kluge eine Mehrdimensionalität der Typenbildung für ihren Ansatz in Anspruch und verweisen dabei auf die „Einsicht, dass
jeder Fall sich in verschiedenen Merkmalsräumen verorten lässt und auch verschiedenen Typen angehört" (ebd., S. 90). Dabei handelt es sich bei dem Ansatz
von Kelle/Kluge aber um eine ganz allgemein und sehr formal gehaltene Beschreibung der Typenbildung, die offen lässt, wie die empirischen Daten im Einzelnen
interpretiert werden und was mithin genau typisiert wird. Demgegenüber setzt
die mehrdimensionale Typenbildung der dokumentarischen Methode gezielt bei
der Rekonstruktion von Praxis an.

Die praxeologische Typenbildung
in der dokumentarischen Methode

Bohnsack bezieht sich hinsichtlich der Frage, was denn überhaupt typisiert wird,
ähnlich wie Kelle und Kluge zunächst auf Max Weber und dessen Rede vom
„idealtypisch konstruierten Sinn- oder Motivzusammenhang" (Bohnsack 2007a,
S. 144). Wobei Bohnsack mit Alfred Schütz zeigt, dass es „zwei grundsätzlich un-
terscheidbare Arten von Motiven" (ebd.) gibt: Das „Um-zu-Motiv", das entwurfs-
und damit zukunftsorientiert ist (‚Ich nehme Flöten-Unterricht, um ein Instru-
ment spielen zu lernen') und das „Weil-Motiv", das erklärt, wie die Handlung
zustande gekommen ist (‚Sie spielt Flöte, weil dies zu den Selbstverständlichkeiten
in ihrer bildungsbürgerlich orientierten Familie gehört'). Bohnsack plädiert nun
dafür, „beides: Um-zu- und Weil-Motiv in den Blick" zu nehmen (2007a, S. 145)
und auf diese Weise die „Prozessstruktur" zu rekonstruieren, „mit der zugleich die
Bedingungen der Konstitution, Reproduktion und Veränderung von biographischen Entwürfen als interaktive Prozesse erfasst sind" (ebd., S. 146; H. i. O.).

Ein Verständnis von Motiven als Prozessstruktur wird erreicht, wenn man, wie
Bohnsack (2007b, S. 227) schreibt, einen „Wechsel von der Frage danach, was Motive sind, zur Frage, wie diese hergestellt, zugeschrieben, konstruiert werden", vor-
nimmt. Damit ist der Blick nun auf die Prozessstrukturen des Handelns, d. h. auf
die dem Handeln unterliegende Regelhaftigkeit gerichtet. Man kann hier – wie
etwa in der Ethnomethodologie – vor allem die „formalen und ubiquitären Strukturen dieser Praxis" herausarbeiten, oder aber – wie in der dokumentarischen
Methode nach Bohnsack – das „handlungsleitende Wissen, welches die Hand-

---

7   Vgl. zu einer wesentlich kritischeren Betrachtung des Ansatzes von Kelle/Kluge den Aufsatz
     von Nentwig-Gesemann (2007), die zugleich die Unterschiede zur dokumentarischen Me-
     thode stärker betont.

lungspraxis in ihrer milieu- und kulturspezifischen Semantik je unterschiedlich strukturiert" (ebd., S. 229).

Im Unterschied zu dem (etwa von Kelle und Kluge im dritten Schritt der Typenbildung zum Ausgangspunkt der Sinndeutung gemachten) ‚subjektiv gemeinten Sinn' und den mit ihm verknüpften Um-zu-Motiven der Handelnden ist das die Praxis strukturierende Wissen den erforschten Personen nicht unbedingt reflexiv zugänglich. Denn dieses Wissen ist in ihre Erfahrungswelt eingebunden und liegt z. T. nur als „atheoretisches" (Mannheim 1980, S. 73) bzw. „implizites Wissen" (Polanyi 1985) vor. Die Forschenden müssen sich daher einen Zugang zu den „Erfahrungsräumen" (Mannheim 1980, S. 220) der Erforschten verschaffen, indem sie vergleichend-rekonstruktiv vorgehen (s. u.).

Die Typenbildung in der dokumentarischen Methode ist mithin *praxeologisch*, sie folgt der impliziten Logik der erforschten Praxis. In einem solcherart „praxeologischen Verständnis ist die Frage nach dem Sinn einer Handlung oder Äußerung diejenige nach der Struktur, nach dem generativen Muster oder der generativen Formel, dem Modus Operandi des handlungspraktischen Herstellungsprozesses. [...] Das generative (Sinn-)Muster bezeichnen wir ... als Orientierungsrahmen oder auch als Habitus" (Bohnsack 2007b, S. 231). Dieser Orientierungsrahmen, d. h. die Regelhaftigkeit, die der Handlungspraxis in ihrer Sequenzialität unterliegt, ist also – mit einer komparativ angelegten Sequenzanalyse – zu rekonstruieren.

In einem ersten Schritt – jenem der „sinngenetischen Typenbildung" (Bohnsack 2007b, S. 233 ff) – geht es darum, die im Gegenstandsbereich zu identifizierenden Orientierungsrahmen in ihrer Unterschiedlichkeit zu typisieren. In einem zweiten Schritt – jenem der „soziogenetischen Typenbildung" (ebd., S. 246 ff) – soll dann auch die Genese des jeweiligen Orientierungsrahmens, der soziale Kontext, in dem er entstanden ist, rekonstruiert werden. Hier „werden Bezüge herausgearbeitet zwischen spezifischen Orientierungen einerseits und dem Erlebnishintergrund oder existentiellen Hintergrund, in dem die Genese der Orientierungen zu suchen ist, andererseits" (Bohnsack 2007a, S. 141).

Diese existentiellen Hintergründe werden nun aber nicht in ‚objektiven' Bedingungen des Handelns gesehen, die, an Merkmalen ausgerichtet, anhand faktizistisch ermittelbarer Daten analysiert werden. Vielmehr gilt es, die (z. T. implizit bleibenden) Schilderungen der Erforschten daraufhin zu untersuchen, welche spezifischen Erfahrungszusammenhänge als Ort der Genese ihrer Orientierungsrahmen zu betrachten sind. Die Analyse wird also nicht erst hinsichtlich der Orientierungsrahmen rekonstruktiv, sondern es gilt, auch die existentiellen Hintergründe einer „Rekonstruktion" (Mannheim 1984, S. 55) zu unterziehen.

Die existentiellen Hintergründe eines Orientierungsrahmens sind dabei nicht alleine in dem Einzelfall zu suchen (wie dies in der objektiven Hermeneutik und an sie angelehnten Verfahren vorgesehen ist), sondern in der Überlagerung unterschiedlicher Falldimensionen. Jede Typik bezieht sich dabei auf *eine* dieser Fall- und Erfahrungsdimensionen, wobei die Generierung einer Typik nur dann „in valider Weise" gelingt, „wenn sie zugleich mit den anderen, auch möglichen – d. h. an der Totalität des Falles mit seinen unterschiedlichen Dimensionen oder Erfahrungsräumen gleichermaßen ablesbaren – Typiken herausgearbeitet wird, sodass sich am jeweiligen Fall unterschiedliche Typiken überlagern" (Bohnsack 2007a, S. 143).

Diese mehrdimensionale Typenbildung unterscheidet sich in ihrer praxeologischen Ausrichtung von dem Ansatz bei Kelle/Kluge (2010). Denn diese legen sich einerseits handlungstheoretisch, d. h. in Bezug darauf, was denn überhaupt typisiert wird, nicht so klar fest (und wollen wohl auch ihrem eigenen Verständnis nach nicht von anderen festgelegt werden); andererseits knüpfen sie, wo sie dann doch Hinweise darauf geben, was typisiert wird, eher an Webers objektivem und subjektiv gemeintem Sinn an. Demgegenüber bezieht sich die Typenbildung der dokumentarischen Methode auf den (impliziten) modus operandi einer meist habituell verankerten Handlungspraxis.

Mit dem Bezug auf eine Typenbildung, die die implizite Logik der Praxis zum Ausgangspunkt hat, gehen zudem forschungsstrategische Aspekte der Typenbildung einher, die die dokumentarische Methode von der Typenbildung nach Kelle/Kluge abgrenzen. Gerade vor dem Hintergrund von Gemeinsamkeiten des Samplings werden diese Differenzen deutlich: Beide Ansätze operieren mit mehreren Samplingstrategien, wobei das (theoretische) Vorwissen insbesondere dort zur Geltung gebracht wird, wo man über den zu untersuchenden Gegenstandsbereich schon so viel zu wissen glaubt, dass man einen qualitativen Stichprobenplan erstellen kann. Wichtig ist hier, dass dieser Stichprobenplan nur eine Suchstrategie darstellt, von der, sobald unerwartete empirische Daten auftauchen, auch wieder abgewichen werden kann.

Ein Sampling im Rahmen eines Stichprobenplans kann aber bei Kelle/Kluge unmittelbar zur Konstruktion eines Merkmalsraumes herangezogen werden. Demgegenüber dient ein Stichprobenplan in der dokumentarischen Methode konsequent nur als Suchstrategie, mit der man die ersten rekonstruktiv zu vergleichenden Fälle identifiziert. Ob auf der Basis der nun vorzunehmenden vergleichenden Rekonstruktion eine Typisierung von Orientierungsrahmen und deren existentiellen Hintergründen möglich wird, die dem ursprünglichen Stichprobenplan entspricht, ist eine Frage des rekonstruktiven Fallvergleichs, nicht der vor der Untersuchung entwickelten theoretischen Vorannahmen. Selbst wenn man also mit einer Art Stichprobenplan die empirische Untersuchung begonnen hat, geht man dann nach den Maßgaben eines Theoretical Samplings (Glaser/Strauss 1969) vor, das sich an den ersten Auswertungsergebnissen orientiert.

Erst nachdem die zentralen Orientierungsrahmen, die das Handeln in dem Gegenstandsbereich strukturieren, rekonstruiert und (sinngenetisch) typisiert sind, werden auch die sozialen Kontexte ermittelt, in denen die Genese der Orientierungsrahmen verankert ist. Die Analyse schreitet also nicht von – als ‚objektiv‘ bezeichneten – Handlungsstrukturen zu deren ‚subjektiv gemeintem‘ Sinn voran, sondern nimmt die Orientierungsrahmen zum Ausgangspunkt, um dann auch deren soziale Genese zu rekonstruieren.

2.4 Zusammenfassung

Trotz ihrer langen Tradition nimmt die komparative Analyse in der qualitativen Sozialforschung recht unterschiedliche Funktionen ein. Im Unterschied zur objektiven Hermeneutik und ihr verbundenen Ansätzen, die vorab jeglichen empirischen Vergleichs auf einer vollständigen Einzelfallrekonstruktion bestehen, orientiert sich die dokumentarische Methode an einer vergleichenden Erkenntnishaltung, wie sie bereits in der frühen Chicagoer Schule praktiziert und von Glaser und Strauss im Sinne einer „constant comparative method" (1969, S. 101) expliziert wurde. In dieser Hinsicht kommt dem Vergleich bereits bei der Fallinterpretation eine erkenntnisgenerierende Funktion zu. Denn die Besonderheiten eines Falles werden gerade vor dem Hintergrund anderer Fälle deutlich; die spezifische Art und Weise, wie mit Themen und Problemen praktisch umgegangen wird, hebt sich in dem einen Fall vor dem Kontrast anderer Fälle ab. Eine erkenntniskontrollierende Funktion ergibt sich hier, insofern und insoweit sich die zu interpretierenden Fälle nicht nur vor dem Hintergrund der (empirisch nicht kontrollierten) Erfahrungswelt der Forschenden abheben, sondern diese „Standortgebundenheit" und „Seinsverbundenheit" (Mannheim 1985, S. 227 ff) der Interpretation durch empirische Kontrastfälle erkannt und tendenziell kontrolliert werden kann.

Fallrekonstruktive Verfahren, die den Vergleich erst nach der vollständigen Interpretation jedes einzelnen Falles beginnen, setzen mit der Typenbildung beim Fall an. Denn die im Fall rekonstruierte Struktur (als eine Art und Weise, in der in einem Fall Lebenspraxis hervorgebracht wird) wird dann als typisch betrachtet, wenn sie sich von der Struktur anderer Fälle abgrenzen lässt. Wie in allen typisierenden Verfahren sieht der jeweilige Typus zwar von einigen Besonderheiten des jeweiligen Falles ab, ist mit ihm aber ansonsten weitgehend deckungsgleich. Auf dem Wege des minimalen und des maximales Kontrastes werden dann Fälle mit derselben Struktur und solche mit einer gegensätzlichen Struktur gesucht.

Demgegenüber setzt die Kategorien- und Typenbildung in der Grounded Theory, der Typenbildung nach Kelle und Kluge sowie in der dokumentarischen

Methode nicht am ganzen Fall, sondern an bestimmten seiner Aspekte bzw. einigen seiner Dimensionen an. Auf diese Weise können in einem Fall mehrere Kategorien bzw. Typiken expliziert werden, wobei hierfür selbstverständlich die Kontrastierung mit anderen Fällen konstitutiv ist.

Auch wenn diese mehrdimensionale Kategorien- und Typenbildung den genannten Verfahren gemeinsam ist, zeigen sich dann hinsichtlich der Frage, was wie typisiert wird, deutliche Unterschiede: Ohne dass gesagt werden könnte, die Grounded Theory (in der Form, wie sie ihr von Strauss und Corbin gegeben wurde) und der Ansatz von Kelle und Kluge würden eine sequenzanalytische Vorgehensweise und eine rekonstruktive Erkenntnishaltung ablehnen, wird doch deutlich, dass sie diese, gerade in den fortgeschrittenen Phasen der Forschung, nicht konsequent verfolgen. Demgegenüber versucht die dokumentarische Methode, von Beginn der empirischen Untersuchungen an auf dem Wege der komparativen Sequenzanalyse eine praxeologische Typenbildung zu ermöglichen. Diese ist so angelegt, dass nicht ‚objektive' Daten, sondern die Orientierungen, die sich in der Handlungspraxis und Erfahrungswelt der untersuchten Personen dokumentieren, zum Ausgangspunkt der Typenbildung gemacht werden. Welche Formen diese praxeologische Typenbildung annehmen kann, wird im folgenden Kapitel zu erörtern sein.

Relationale Typenbildung 3

Bislang sind innerhalb der dokumentarischen Methode zwei Formen der praxeologischen Typenbildung bekannt: die sinn- und die soziogenetische Typenbildung. Zunächst weden in der sinngenetischen Typenbildung einzelne, fallübergreifende Orientierungsrahmen typisiert. Dann wird in der soziogenetischen Typenbildung der „Erlebnishintergrund, der spezifische Erfahrungsraum, in dem die ... Genese dieser spezifischen Orientierungen zu suchen ist", in die Typenbildung mit einbezogen (Bohnsack 2007a, S. 142). Sinn- und soziogenetische Typenbildung folgen also aufeinander, sie stehen einander nicht als Alternativen gegenüber.

In diesem Kapitel möchte ich die Abfolge von sinn- und soziogenetischer Typenbildung nicht in Frage stellen, jedoch eine weitere Form der Typenbildung vorschlagen, die als eine Alternative oder Ergänzung zur soziogenetischen Perspektive gelten kann: die relationale Typenbildung. Gezeigt werden soll, dass empirische Untersuchungen nicht nur von der sinngenetischen in die soziogenetische Typenbildung münden, sondern auch in eine relationale Typenbildung überführt werden können. Denn nicht nur der Zusammenhang von Orientierungen und kollektiven Erfahrungsräumen kann mit der dokumentarischen Methode rekonstruiert werden, sondern auch, in welcher *Relation* unterschiedliche typisierte Orientierungen zueinander stehen. Um die Konturen der relationalen Typenbildung wie auch ihre Verbindungslinien zu den anderen Formen praxeologischer Typenbildung zu verdeutlichen, gehe ich zunächst kurz auf die sinngenetische Typenbildung ein (Abschnitt 3.1) und erörtere dann die soziogenetische Typenbildung (Abschnitt 3.2). Vor deren Hintergrund lässt sich schließlich zeigen, in welchen Forschungszusammenhängen, mit welchem Ziel und auf welche Art und Weise relationale Typen gebildet werden können (Abschnitt 3.3).

3.1   Zur sinngenetischen Typenbildung

Die sinngenetische Typenbildung, wie sie von Bohnsack entwickelt wurde, stützt sich ursprünglich auf Mannheims Überlegungen zur „sinngenetischen Interpretation". Der sinngenetischen Interpretation geht es um „eine rein typologische Nebeneinanderstellung der (in der betreffenden Sphäre) überhaupt möglichen Motive" (Mannheim 1980, S. 86) bzw. – wie dies heute in der dokumentarischen Methode ausgedrückt wird – Orientierungsrahmen. Diese ‚typologische Nebeneinanderstellung' der Orientierungsrahmen wird auf dem Wege der komparativen Analyse realisiert.

Nehmen wir für die vergleichende Rekonstruktion von Orientierungsrahmen und die an sie anknüpfende sinngenetische Typenbildung ein Beispiel aus einer Studie zu Kleinunternehmer(inne)n (siehe Nohl/Schondelmayer 2006), das ich – allerdings überwiegend mit anderen Fällen – auch schon andernorts (Nohl 2012a, S. 59 ff) zur Erläuterung der sinngenetischen Typenbildung herangezogen habe. Es ging uns in dieser Untersuchung sowohl um die biographischen Aspekte der Existenzgründung als auch um die Erfahrungen, die sich mit ihr verknüpfen. Aus diesem Grunde haben wir mit den Gründer(inne)n narrative Interviews (im Sinne von Schütze 1983) geführt, die mit einer erzählgenerierenden Frage zur Lebensgeschichte begannen und nach der Eingangserzählung mit Fragen zur Existenzgründung weitergeführt wurden.[8] Eine dieser Fragen richtete sich auf die Arbeitsteilung im Unternehmen. In einem Interview mit einer jungen Frau namens Demir[9], die mit ihrem Mann und dessen Freund – welche im Interview des Öfteren als „die beiden Männer" bezeichnet werden – einen Laden für geröstete Nüsse, Sonnenblumenkerne usw. eröffnet hat, findet sich folgende Passage (Nohl/Schondelmayer 2006, S. 203 f):[10]

Interv.:	was machen dann diese Mitarbeiter?
Demir:	den Verkauf.
Interv.:	den Verkauf. mmh.
Demir:	die decken den Verkaufsbereich ab, also rösten tun immer noch die beiden Männer, //ja// und da sie auch kennen das ist ganz sensible Ware, //mmh// die muss ja wirk-

---

8   Das narrative Interview wurde hier also nur zum Teil zur Erhebung der Biographie genutzt, zum anderen Teil diente es dazu, die praktische Expertise der Existenzgründer/innen in Stegreiferzählungen hervorzulocken – ganz im Sinne des Experteninterviews, wie es Meuser & Nagel (2002) konzipiert haben. Siehe zur Kombination von biographischen und Experteninterviews auch Schondelmayer 2010, S. 77 ff.

9   Dieser wie auch alle weiteren Namen und personenbezogenen Angaben aus in diesem Buch zitierten empirischen Erhebungen sind anonymisiert worden.

10   Die Regeln für diese wie alle folgenden Transkriptionen finden sich im Anhang.

lich äh (.) richtig gelernt werden, //mmh// wenn überhaupt dann müsste man jemand ausbilden dafür; //mmh// richtig. //mmh// (1)

Frau Demir unterscheidet hier offenbar die Arbeitstätigkeit ihres Mannes und dessen Freund, denen das ‚Rösten' der „ganz sensiblen Ware" vorbehalten bleibt, von der Tätigkeit der anderen Mitarbeiter, die lediglich für den „Verkaufsbereich" zuständig sind. Der Orientierungsrahmen, der hier der Arbeitsteilung im Unternehmen unterliegt, lässt sich dann am leichtesten identifizieren und explizieren, wenn man ihn einem kontrastierenden Orientierungsrahmen gegenüber stellt. Dabei dient dieser Vergleich zunächst noch vornehmlich dazu, den Orientierungsrahmen (in dem ein Thema bearbeitet wird) in dem ersten Interview dadurch besonders genau zu rekonstruieren, dass er sich von dem Orientierungsrahmen in einem anderen Interview klar abgrenzen lässt.

Einen maximalen Kontrast bietet bezogen auf diesen Aspekt ein (Paar-)Interview, das ich mit zwei Grafikdesignerinnen geführt habe, die ein kleines Büro in Berlin-Mitte aufgebaut hatten. Angeregt durch eine meiner Fragen geht Frau Scharte auf die „Arbeitsaufteilung" ein (ebd., S. 188 f):

Scharte: (1) und Arbeitsaufteilung? (.) des hat sich irgendwie so ergeben; ham wir gar nich richtig geplant also- //mmh//

Meier: dadurch dass wir uns gut kennen, befreundet sind; (.) also s is schon klar dass wir vielleicht Layout zusammen machen oder jeder versucht ne eigenen Idee zu machen und dann kucken wir was geht, oder wir bieten beide Ideen an, ähm (2) Hundertprozent läuft es immer so dass (.) so Bettina die Grafik am Ende übernimmt, die Reinzeichnung, die Druckbetreuung mehr als ich, das hab ich nicht gelernt; und dass ich mich um- viel um Fotos kümmer oder um (.) ja das Bild, die Farben die an sich dahin passen, in der Richtung, dass ich zweigleisig auch noch mich mehr um Fotos kümmer, als du, aber sonst? dass wir ja Rechnung, also eigentlich machen wir v- alles gemeinsam; oder je nach dem wer gerade (.) //mmh// Lust hat. oder?

Scharte: na ja; gut.
Meier: ⌊ viel machst du so Druckerei
Scharte: ⌊ aber solche schwierigeren Telefonate übernimmst du schon;
Meier: ⌊ ja. dafür musst du dich mit den Druckereien @rumprügeln@ aber
Scharte: @(.)@ also es gibt einfach so wenn man zusammen arbeitet, entwickelt sich des,

Zunächst einmal ist festzustellen, dass in diesem Transkriptausschnitt keine klare Trennung der Arbeitsbereiche vorliegt, sondern die beiden „alles gemeinsam" machen. Auch wenn sich hier unterschiedliche Schwerpunkte gebildet haben – Frau

Meier übernimmt die „Telefonate", Frau Scharte die Gespräche mit der „Druckerei" –, so beherrschen doch beide prinzipiell alle Arbeitsfelder. Es deutet sich hier
ein ganz anderer Orientierungsrahmen als im oben zitierten Interview an. Während bei Frau Demir die Mitarbeiter im Verkauf als Personen angesehen werden,
die vornehmlich zuarbeiten, zeichnet sich die Arbeit im Grafikdesignbüro durch
Kooperation aus.[11]
     In der sinngenetischen Typenbildung erhalten die kontrastierenden Orientie-
rungsrahmen der Vergleichsfälle nun eine eigenständige Bedeutung. Sie werden
also nicht mehr nur als ‚Nicht-A', sondern als B, C und D in ihrer eigenen Sinnhaftigkeit gesehen. Dies ist dadurch möglich, dass man die rekonstruierten Orientierungsrahmen vom Einzelfall ablöst und damit abstrahiert. Hier nun kommt der
minimale Kontrast ins Spiel. Indem ich weitere Fälle heranziehe, die dem im Interview mit Frau Demir sich andeutenden Orientierungsrahmen ähneln, und solche, die dem zweiten Interview nahe kommen, kann ich die Orientierungsrahmen
allmählich typisieren.
     In Bezug auf die Arbeitsteilung im Unternehmen finden sich in einem Inter-
view mit einer Puppenbauerin Homologien zu Frau Demir. Frau Hintzer, die eine
besondere Art und Weise entwickelt hat, Filzpuppen zu bauen und künstlerisch
zu gestalten, hat eine Mitarbeiterin, zu der die Interviewerin im Folgenden eine
Frage stellt (ebd., S. 199 f):[12]

Interv.:	und mit der sprichst du dann auch geschäftliche Dinge ab, oder? bist du da (.) ganz mit dir alleine?
Hintzer:	die beteiligt sich nicht daran. also die macht wirklich- es ähm also ich weiß nich ob man- wie offiziell das is; hier? //nich so offiziell// gar nich offiziell. im Prinzip ar- beitet se ja im Moment wirklich schwarz. ne, //mmh// so. also sie baut Puppen, und kriecht dafür- also se im Prinzip isses n Werkvertrag; also sie kriecht baut Puppen und kriecht Stück (.) Geld dafür; //ja// und (1) und das würde auch weiter so blei- ben; mit dem Geschäftlichen und mit der Ideenfindung und solchen Sachen hat se nüscht zu tun. das sind meine Puppen. (1)

Selbst hier, wo die Mitarbeiterin auch in der Produktion – also nicht nur im Verkauf wie bei Frau Demir – beschäftigt ist, wird der Umgang mit ihr durch einen

---

11 Diese wie alle weiteren Interpretationen stellen hauptsächlich eine reflektierende Interpreta-
    tion im Sinne der dokumentarischen Methode dar. Zum Unterschied zwischen der formulie-
    renden und der reflektierenden Interpretation von Interviews siehe die Einleitung zu diesem
    Band und Nohl 2012a, S. 40 ff.
12 Eine detaillierte formulierende und reflektierende Interpretation für dieses und das folgen-
    de Transkript findet sich in Nohl 2012a, Kap. 5.

Orientierungsrahmen geprägt, der klar zwischen der Tätigkeit der Unternehmerin (Frau Hintzer selbst) und der Hilfe durch die Mitarbeiterin unterscheidet. Jene ist für das „Geschäftliche" und die „Ideenfindung" nicht zuständig, sodass Frau Hintzer darauf bestehen kann: „das sind meine Puppen".

Wir haben in unserer Studie diesen Orientierungsrahmen – der sich auch noch in weiteren Interviews zeigen ließ – als jenen der ‚Zuarbeit' bezeichnet und von einem Orientierungsrahmen der ‚Kooperation' abgegrenzt. Letzterer dokumentierte sich nicht nur in dem bereits erwähnten Interview mit Frau Meier und Frau Scharte, sondern auch in den Schilderungen von Herrn Reichmann, der ein Büro zur Organisation von Bandtourneen gegründet hat (ebd., S. 193):

> Reichmann: ich mach den ganzen Kram- den ganzen Job jetzt halt schon seit zehn Jahren, und hab deswegen sicherlich die meiste Erfahrung, kann die Sachen besser einschätzen und hab die Kontakte, äh (.) meine Kollegin Missi mit der ich das äh von Anfang an zusammen mache, hat sicherlich ne vorbild- macht das jetzt aber in unserer Firma im Prinzip seitdem die ganze Zeit also s-sie lernt noch, hat aber mittlerweile sich=n großes Wissen erlangt und is einfach auch in der Lage sagen wir mal so wenn keine Ahnung ich krank bin oder so dann is sie absolut in der Lage die Firma allein zu führen; was gut is; und was auch n bisschen also äh auf gegenseitig natürlich beruht, was n bisschen beruhigt dass man sich nicht so äh völlig äh (1) wie soll ich sagen? äh allein verantwortlich fühlt oder so //mmh// und das mit einem steht und fällt äh was ganz schön belastend sein kann natürlich; äh das is glaub ich nich so; da ergänzen wir uns ganz gut

Während Frau Meier und Frau Scharte das Grafikdesignbüro gemeinsam aufgebaut hatten, wird im Interview mit Herrn Reichmann deutlich, dass der Orientierungsrahmen der Kooperation auch den Umgang mit Mitarbeiter(inn)en strukturieren kann, die nicht am Unternehmen wirtschaftlich beteiligt sind. Die „Kollegin Missi" hat, so Herr Reichmann, inzwischen die zentralen Abläufe der Buchung von Bands erlernt und ist „in der Lage die Firma allein zu führen". Der Orientierungsrahmen der Kooperation ist also nicht nur in einem Fall, sondern auch – mit einem minimalen Kontrast – in einem weiteren Fall zu finden.

Die Abstraktion der jeweiligen Orientierungsrahmen und die hiermit ermöglichte sinngenetische Typenbildung lassen sich also dadurch erleichtern, dass weitere Interviews herangezogen werden. So kann dann ein Orientierungsrahmen A, der zunächst nur im ersten Fall sichtbar war, nun auch in einem zweiten und dritten Fall herausgearbeitet werden – und wird auf diese Weise vom ersten Einzelfall abgelöst. Und ein Orientierungsrahmen B, der zunächst nur im vierten Einzelfall sichtbar war, kann nun auch im fünften Fall herausgearbeitet werden – und wird auf diese Weise vom vierten Einzelfall abgelöst. Unter Bezug auf die im vorange-

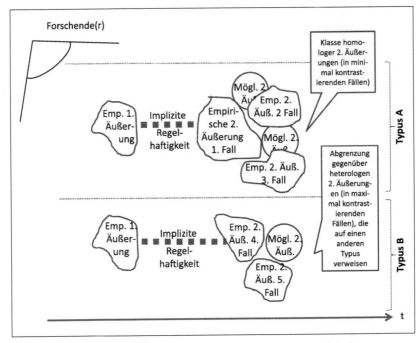

Abb. 8 Sinngenetische Typenbildung und die komparativ-sequenzanalytische Identifizierung von Orientierungsrahmen

gangenen Kapitel bereits erörterte komparative Sequenzanalyse, in der die implizite Regelmäßigkeit von Handlungspraktiken und damit deren Orientierungsrahmen rekonstruiert wird, lässt sich dies wie in Abbildung 8 darstellen.

Die sinngenetische Typenbildung zeigt, in welch *unterschiedlichen* Orientierungsrahmen die erforschten Personen jene Themen und Problemstellungen bearbeiten, die im Zentrum der Forschung stehen. Sie macht aber nicht deutlich, in *welchen* sozialen Zusammenhängen und Konstellationen die typisierten Orientierungsrahmen verankert sind. Zum Beispiel zeigt die oben am Beispiel dargestellte sinngenetische Typenbildung nicht, inwiefern der Orientierungsrahmen der Kooperation möglicher Weise mit einer bestimmten Form der Produktionsweise zusammenhängt. Schon in den Transkriptausschnitten finden sich ja Hinweise auf solche existentiellen Hintergründe der Orientierungsrahmen, wenn z. B. das ‚Rösten' oder die „Ideenfindung" beim Puppenbauen als eine hohe Kunst präsentiert werden, während das Buchen einer Band als durch Erfahrung erlernbar dargestellt wird. Diese Frage nach den sozialen Zusammenhängen und der sozialen Genese eines Orientierungsrahmens werden in der *soziogenetischen Typenbildung* bearbeitet.

3.2 Zur soziogenetischen Typenbildung

Angesichts ihrer „soziogenetischen Einstellung auf die Funktionalität der Kulturgebilde" (Mannheim 1980, S. 85) richtet die dokumentarische Methode „ihr Augenmerk" darauf, wie die Orientierungsrahmen im „Gesellschaftsprozeß'" verankert sind (ebd., S. 76). Dabei ist es letztlich gleich, ob die „Kulturgebilde" oder Orientierungsrahmen bei einem Individuum oder in Gruppen identifiziert werden. Auch individuell gemachte Erfahrungen, wie sie in biographisch angelegten narrativen Interviews erzählt werden, können, wie Mannheim deutlich macht, „gruppenbedingt" sein; dies selbst dann, „wenn die Gruppe nicht selbst leibhaftig gegenwärtig ist" (ebd., S. 81).

An dieser Stelle müssen zwei Differenzierungen eingeführt werden:[13] Die Rekonstruktion unterschiedlicher Fälle zeigt einerseits zunächst, ob die involvierten Personen von einem *gemeinsamen* Problem oder Sachverhalt (z. B. einem historischen Ereignis wie dem Mauerfall) betroffen sind, ob sich dieser also in ihren Erfahrungen niederschlägt und einen Erfahrungszusammenhang bildet. Es ist aber andererseits prinzipiell möglich, dass dieser Sachverhalt in *unterschiedlicher* Art und Weise erfahren und bewältigt wird (z. B. mögen die einen den Mauerfall als Zugewinn an Freiheit erfahren und entsprechend genutzt, die anderen aber als Einsturz ihrer biographischen Perspektiven erlebt haben). Nur dort und insoweit Probleme und Sachverhalte in einer von der Struktur her identischen Art und Weise erfahren und bewältigt werden, kann man von einem kollektiven Erfahrungsraum mit seinem entsprechenden Orientierungsrahmen sprechen.

Wenn man mit der dokumentarischen Methode die Verankerung eines Orientierungsrahmens im Gesellschaftsprozess herausarbeiten möchte, gilt es daher, dessen Genese in einem spezifischen kollektiven Erfahrungsraum zu rekonstruieren.[14] Diese Rekonstruktion ist nur dann in valider Weise möglich, wenn man den Orientierungsrahmen von anderen Orientierungsrahmen, die in anderen Erfahrungsräumen eingebettet sind, empirisch abgrenzen kann (wenn man, um im

---

13 Ich beziehe mich im Folgenden auf Überlegungen aus Karl Mannheims Aufsatz zum „Problem der Generationen" (Mannheim 1964b), ohne seine Diktion und den engen Bezug zum Begriff der Generation zu übernehmen.

14 Neuere Arbeiten im Bereich der dokumentarischen Methode weisen allerdings darauf hin, dass sich der Gesellschaftsprozess nicht in konjunktiven Erfahrungsräumen erschöpft, sondern auch die Logiken von Feldern (dazu: von Rosenberg 2011) berücksichtigt werden müssen. Dies ist allerdings bislang empirisch nicht realisiert worden.

Beispiel zu bleiben, zeigen kann, auf welche Art und Weise in dem einen kollektiven Erfahrungsraum der Mauerfall verarbeitet wird und wie sich dies von den entsprechenden Orientierungsrahmen in anderen Erfahrungsräumen unterscheidet).

Es würde allerdings einen essentialistischen Fehlschluss implizieren, würde man den kollektiven Erfahrungsraum einerseits und gruppenhaftes kollektives Handeln andererseits nicht voneinander differenzieren. Während kollektives Handeln in Realgruppen an Kopräsenz gebunden ist, basiert eine kollektive Erfahrungsschichtung auf strukturidentischen, d.h. homologen Erfahrungen. Menschen erleben ein bestimmtes Ereignis auf eine gleiche Art und Weise, ohne es notwendig gemeinsam zu erleben (vgl. Bohnsack 2007a, S. 112 f).

Schon in der oben angeführten Entrepeneurship-Studie deutete sich an, dass der Orientierungsrahmen der Zuarbeit mit einer überindividuellen, bei unterschiedlichen Individuen zu beobachtenden Produktionsweise (die kunstförmig ist) zusammenhängen könnte. Prägnanter noch ließ sich die Fundierung individuellen Handelns in kollektiven Erfahrungsräumen in einer Untersuchung zu spontanen Bildungsprozessen rekonstruieren (siehe Nohl 2006 u. 2012a, S. 89 ff). Ziel dieser Studie war es, anhand von biographisch-narrativen Interviews herauszuarbeiten, wie Menschen, angestoßen durch ungeplante, nicht erzwungene und insofern spontane Handlungspraktiken, sich in ihren zentralen Lebensorientierungen so stark verändern, dass von einem Bildungsprozess gesprochen werden kann. Dieser Bildungsprozess hat sechs Phasen, auf die ich hier nicht im Einzelnen eingehe. Wichtig ist dabei aber, dass diese sechs Phasen, in denen die Betroffenen Erfahrungen machen, die sie selbst – auch in ihrer Darstellung – als vornehmlich individuelle erleben, bei neun ganz unterschiedlichen Menschen rekonstruiert und auf diese Weise sinngenetisch typisiert werden konnten.

Genauer konnte die Einbettung dieser Bildungsphasen in kollektive Zusammenhänge herausgearbeitet werden, indem systematisch Personen unterschiedlichen Lebensalters miteinander kontrastiert wurden. Denn obgleich die Phasen des Bildungsprozesses über alle Fälle hinweg deutlich erkennbar blieben, erhielten diese doch unterschiedliche Ausprägungen, je nachdem, ob sie bei 20jährigen, 35jährigen oder bei Seniorinnen vorlagen. Zum Beispiel waren jene Phasen, die in besonderer Weise durch die Spontaneität des Handelns geprägt waren, bei den Jugendlichen zugleich durch das Handeln der Gruppe strukturiert, während die Seniorinnen und die Erwachsenen in der Lebensmitte eher alleine handelten.[15]

---

15 Während aufgrund der Umstände des Forschungsprojekts bei den 20jährigen nur Männer und bei den 35jährigen Männer und Frauen in die Untersuchung einbezogen wurden, wurden nur weibliche 65jährige interviewt. Dies schränkt die Möglichkeit, die Grenzen der Alterstypik zu bestimmen, erheblich ein.

Es war nun aufgrund der unterschiedlichen Lebensalter davon auszugehen, dass diese Unterschiede in den Phasen durch die Einbindung in differente kollektive Erfahrungsräume, jene der Lebensalter, zustande gekommen waren.

Zu Beginn der soziogenetischen Typenbildung ordnet man den Orientierungsrahmen einem kollektiven Erfahrungsraum vornehmlich zu. Denn soweit man an dieser Stelle nur von äußeren Plausibilitäten ausgeht (z. B. davon, dass eine Phase des Bildungsprozesses bei den 20jährigen anders ausgeprägt ist als bei den Seniorinnen), ohne die „Sinnhaftigkeit" der Orientierungsrahmen als „Fragment umfassenderer Totalitäten" (Mannheim 1980, S. 88) – nämlich kollektiver Erfahrungsräume – herauszuarbeiten, bleibt man einer „kausal-genetischen Erklärung" (ebd.) verhaftet. Es ist also notwendig, die sinnhafte Verbindung von Orientierungsrahmen und kollektivem Erfahrungsraum zu rekonstruieren. So war es etwa für die oben genannte Studie wichtig, die Bedeutung des spontanen Handelns in Realgruppen für die Adoleszenz zu rekonstruieren und sie von den einzeln erlebten Handlungspraktiken in den anderen beiden Lebensaltern zu unterscheiden.

Während bei der Analyse narrativer Interviews immer schon von dem einzelnen Fall abstrahiert werden muss, um den kollektiven Hintergrund von Orientierungsrahmen in valider Weise zu identifizieren, bieten Realgruppen einen leichteren Zugang zur Kollektivität. Bei Karl Mannheim heißt es hierzu:

> „Die Funktionalität eines geistigen Gebildes gegenüber einem *gemeinschaftlichen Erlebnisstrom* war am leichtesten erfaßbar, wo ein ausgesprochenes Gruppenerlebnis sozusagen handgreiflich vorhanden war, wo der einzelne durch die örtliche und zeitliche Simultanität des Erlebens gewissermaßen einen Teil des Erlebniszusammenhanges als nicht ausschließlich ihm angehörig zu erfassen und die aus jenem emporsteigenden Gebilde (den gemeinsam gefaßten Beschluß, das Programm usw.) in der Funktionalität zur seelischen Lage der Gruppe zu erleben sozusagen gezwungen ist." (1980, S. 79; H. i. O.).

In geradezu idealer Weise wird die Funktionalität von ‚geistigen Gebilden', d. h. deren Orientierungsrahmen, für einen ‚gemeinschaftlichen Erlebnisstrom' in Gruppendiskussionen erfasst, wie sie Ralf Bohnsack als Erhebungsverfahren entwickelt hat. Wenn in Realgruppen diskutiert wird, kommen kollektive Erfahrungen und Orientierungen zur „Artikulation" (Bohnsack 2007a, S. 63), wobei sich die Kollektivität auch in der Performanz der Gruppendiskussion niederschlägt (dazu ebd., S. 121 ff u. Przyborski 2004).

In seiner Habilitationsschrift hat Ralf Bohnsack (1989) nicht nur das Gruppendiskussionsverfahren entwickelt, sondern auch die dokumentarische Methode zu einem Auswertungsverfahren gemacht, das auf die soziogenetische Typenbildung

zielt. In dieser empirischen Studie ging es Bohnsack vor allem um die Adoles-
zenzentwicklung von Jugendlichen. Im Zentrum steht hier u. a. eine „Bänkla" genannte Gruppe, in der sich auf die Frage des Forschers danach, wie sie die Zukunft
sähen, folgender Diskurs entfaltete (Bohnsack 1989, S. 116):

Bm:	Ja ich schätz, wir werden so, des wird (.) bei allen gleich sein, wir leben von einem Tag zum andern, halt einfach (.) ohne halt da auf die nächsten Wochen oder Monate zu schaun, wir leben halt bloß von heut auf morgen so ziemlich (3) also mir geht's auf jeden Fall so: was nächste Wochen ist, das is mir ziemlich wurscht, ne. Was halt jetzt morgen kommt, das (.) das interessiert mich a wenig mehr (.) oder was heut is
Dm:	⌊ nächste Wochen fängt der Berg an
Bm:	was, nächste Wochen?
Cm:	⌊ @nächste Wochen fängt der Berg an@

Wie Bohnsack (2007a, S. 35) zusammenfassend interpretiert, wird hier eine „über
die nächsten Tage hinausreichende, eine biographisch relevante Zukunftsperspek-
tive ... ganz entschieden ausgeklammert" und „biographisch Relevantes ... negiert". Dieser Orientierungsrahmen der Negation biographischer Zukunft wird
von Bohnsack nun systematisch mit den Orientierungsrahmen anderer Jugendlicher kontrastiert. Dabei zeigt sich, dass zwar bei Jugendlichen ähnlichen Alters
ein homologer Orientierungsrahmen (derjenige der Negation) zu finden ist, sich
dies aber auf Jugendliche in der Mitte der Berufsausbildung beschränkt. Denn solche Gruppen, die noch am Anfang oder bereits am Ende der Adoleszenzentwick-
lung stehen, thematisieren die Zukunft in anderer Weise.

Neben dieser Adoleszenztypik findet Bohnsack jedoch auch ortsgesellschaft-
liche typische Unterschiede, indem er Jugendliche aus dem Dorf mit solchen in
einer Mittelstadt vergleicht: Der Orientierungsrahmen der Gruppe Bänkla ist
– neben der Negation – auch dadurch geprägt, dass diese Dorfjugendlichen zumindest noch in die jahreszyklischen Feste des Dorfes („Berg") integriert sind,
während die städtischen Jugendlichen die Negationsphase besonders krisenhaft
und desintegrierend erleben. Wesentliche Differenzen kann Bohnsack dann auch
gegenüber weiblichen Auszubildenden sowie im Verhältnis zu Gymnasiast(inn)en
herausarbeiten. Die Zukunftsvorstellungen von Letzteren sind im Gegensatz zu
den Auszubildenden wenig praktisch angelegt; vielmehr ergehen sie sich in einer
„intellektuellen Spielerei" (2007a, S. 41), in der sie sich Gedanken darüber machen,
wie sie durch fantastisch anmutende Sparpläne das Studien-Bafög zurückzahlen
können. Ihre Gedankenspielereien beenden die Gymnasiast(inn)en mit dem Aus-
ruf eines Diskussionsteilnehmers: „hey jeje (.) Gymnasium Gymnasium (.) time
out time out stopp" (zit. n. Bohnsack 1989, S. 220). Damit verweisen sie selbst auf

den existentiellen Hintergrund ihrer eigenen Art und Weise, über die Zukunft nachzudenken.

Indem Bohnsack die Orientierungsrahmen von Gruppen unterschiedlichen Alters, Geschlechts, ortsgesellschaftlicher Einbindung und Bildungshintergrundes rekonstruiert, kann er diese nicht nur sinngenetisch typisieren, sondern auch die Einbettung des Orientierungsrahmens eines jeden Falles in verschiedene kollektive Erfahrungsräume (des Geschlechts, des Bildungsmilieus, des sozialräumlichen Milieus, der Adoleszenz) aufzeigen. Dabei fällt die „Zuordnung eines Falles zu einer Typik, also die Interpretation des Falles als Dokument dieser Typik, ... umso valider aus, je umfassender am jeweiligen Fall auch andere Bedeutungsschichten oder -dimensionen herausgearbeitet werden können, in denen sich andere Typiken dokumentieren" (Bohnsack 2007a, S. 50). Denn je mehr Bedeutungsdimensionen, d. h. Einbindungen in unterschiedliche konjunktive Erfahrungsräume, identifizierbar sind, desto präziser kann bestimmt werden, welcher (Aspekt des) Orientierungsrahmen(s) für einen spezifischen Erfahrungsraum typisch ist.

Vergleich und (soziogenetische) Typenbildung erfolgen auf dem Wege des „Kontrasts in der Gemeinsamkeit" (Bohnsack 2007a, S. 38): Der Beobachter nimmt zwei Fälle in den Blick, die in mehreren Erfahrungsdimensionen (etwa hinsichtlich des Geschlechts, des Bildungsmilieus und der ortsgesellschaftlichen Einbindung) Gemeinsamkeiten, in einer anderen (etwa der Adoleszenzphase) aber Unterschiede aufweisen. Dann wird der Vergleichsfall gewechselt und Gemeinsamkeiten und Unterschiede in weiteren Erfahrungsdimensionen identifiziert.

Es fällt nun auf, dass diejenigen Arbeiten, in denen die soziogenetische Typenbildung in sehr überzeugender Weise realisiert wurde, durch Suchstrategien (bei der Identifizierung der zu vergleichenden Fälle) geleitet wurden, die entlang gesellschaftlich etablierter Dimensionen von Heterogenität, d. h. entlang von gesellschaftlichen Klassifikationsordnungen verliefen. Hatten Bohnsack (1989), Bohnsack et al. (1995) sowie Schäffer (1996) noch die Dimensionen Adoleszenz, Geschlecht, Bildungs- und Sozialmilieu im Fokus gehabt, ist in anschließenden Studien die Migrationslagerung als weitere Dimension herausgearbeitet worden (vgl. Bohnsack/Nohl 1998, Nohl 2001, Weller 2003, Schittenhelm 2005). Doch auch in solchen Arbeiten, die konjunktive Erfahrungsräume in Organisationen untersuchen, orientierten sich die Suchstrategien an gesellschaftlich etablierten Unterscheidungen. Zum Beispiel verglich Vogd (2004) unterschiedliche Formen von Krankenhäusern (Universitätsklinikum vs. städtisches Krankenhaus) sowie deren diverse Abteilungen (Chirurgie, Innere Medizin). Mensching (2008) wiederum kontrastierte verschiedene Hierarchieebenen der Polizei miteinander.

Die Suchstrategien dieser und anderer Studien wurden vornehmlich durch Annahmen aus der Alltagserfahrung bzw. -theorie und durch theoretische Überlegungen geprägt. Dabei war es allerdings entscheidend, diese Suchstrategien so flexibel einzusetzen, dass das Ziel, eine empirisch gegründete Theorie (auf der Basis der Typenbildung) erst noch zu entwickeln, nicht aus den Augen gerät. Daher geht eine theorie- und erfahrungsgeleitete Suchstrategie idealerweise mit einer Rekonstruktion der Fälle einher, die so detailliert ist, dass auch jenseits der theoretischen Vorannahmen liegende Aspekte der Fälle auffallen und zur Typenbildung genutzt werden können.

Nach Unterschieden zwischen Jugendlichen im Dorf und solchen in der Stadt zu suchen, Migranten mit Einheimischen zu vergleichen oder Ost-Berlinerinnen von West-Berlinerinnen zu differenzieren, impliziert, dass man sich auf etablierte Dimensionen gesellschaftlicher Heterogenität stützt. Solche Dimensionen lassen sich im Anschluss an Karl Mannheim mit dem Begriff der „sozialen Lagerung" (1964b) bezeichnen. Soziale Lagerungen wie die Klasse oder die Generation bezeichnen eine „verwandte Lagerung der Menschen im sozialen Raume" (ebd., S. 526), die diese „Individuen auf einen bestimmten Spielraum möglichen Geschehens beschränken" (ebd., S. 528). Neben der sozialen Lagerung können aber auch solche Dimensionen gesellschaftlicher Heterogenität als Suchstrategie fungieren, die in organisierter Form vorliegen. Zwischen den Hierarchieebenen der Polizei oder unterschiedlichen Krankenhausabteilungen zu unterscheiden, bedeutet, davon auszugehen, dass die Akteure durch die Mitgliedschaft in bestimmten Organisationen auf ein bestimmtes Erfahrungspotential eingeschränkt werden.

Wie ich zu Beginn dieses Abschnitts deutlich gemacht habe, gilt es aber zu rekonstruieren, ob die untersuchten Personen dieses Erfahrungspotential realisiert haben, ob es also im Kontext der jeweiligen Lagerung bzw. Organisation zu entsprechenden praktischen Erfahrungen (etwa in Bezug auf das soziale Geschlecht oder die Krankenhausabteilung) gekommen ist. Dabei kann es, wie oben gezeigt, in jedem Erfahrungszusammenhang von Fall zu Fall zu unterschiedlichen Verarbeitungsweisen kommen, es können also differente Orientierungsrahmen mit ihren jeweiligen konjunktiven Erfahrungsräumen identifiziert werden.

Die anhand der sozialen Lagerungen bzw. organisatorischen Differenzierungen entwickelten Suchstrategien werden dann, wenn sie erfolgreich waren, in eine soziogenetische Typenbildung überführt, in der die „Sinnhaftigkeit" der Orientierungsrahmen als „Fragment" (Mannheim 1980, S. 88) der jeweiligen kollektiven Erfahrungshintergründe zur Geltung kommt. Zum Beispiel hat Bohnsack (1989) nicht nur gezeigt, dass die gedankenspielerische Beschäftigung mit der biographischen Zukunft (als Orientierungsrahmen) regelmäßig bei Gymnasiast(inn)en, nicht aber bei Auszubildenden anzutreffen ist, er hat auch die Fundierung dieses Orientierungsrahmens in der Handlungspraxis und Erfahrungswelt dieser Jugendlichen (wie sie wesentlich durch die Beschäftigung mit theoretischen Sachverhalten in der Schule charakterisiert ist) rekonstruiert. Und in ihren Studien zur

Polizei hat Mensching (2008) rekonstruiert, inwiefern und unter welchen Bedingungen die eigene formale Hierarchiezugehörigkeit mit den gelebten Hierarchiepraktiken und der damit korrespondierenden Orientierung an der polizeilichen Akten- bzw. Aktionspraxis zusammenhängt.

Eine theorie- bzw. erfahrungsgeleitete Suchstrategie, die sich an gesellschaftlich etablierten Dimensionen von Heterogenität orientiert, lässt sich indes nicht immer in eine soziogenetische Typologie überführen. Dies kann u. a. daran liegen, dass sich entweder keine mit der als Suchstrategie herangezogenen sozialen Lagerung bzw. Organisation zusammenhängenden Erfahrungen rekonstruieren lassen oder im jeweiligen Forschungsgebiet keine gesellschaftlich etablierten Dimensionen sozialer Heterogenität (Geschlecht etc.) vorhanden sind. Es gibt also Forschungsgebiete, für die in der Gesellschaft noch keine (auch im öffentlichen Diskurs etablierten) Differenzkategorien vorhanden sind bzw. für die die etablierten Unterscheidungen sich als nicht sinnvoll erweisen.

3.3 Die Entwicklung relationaler Typologien

Wenn sich typisierte Orientierungen nicht auf bestimmte, in einer erfahrungs- und theoriegeleiteten Suchstrategie identifizierte Erfahrungshintergründe (wie Geschlecht, Schicht oder Organisation) sinnvoll zurückführen lassen, wenn die soziogenetische Typenbildung also scheitert, lässt sich ein neuer Weg der Typenbildung erkunden, den ich als ‚relationale Typenbildung' bezeichnen möchte. Dieser neue Weg wurde eingeschlagen, ohne dass schon von vornherein klar war, in welche Richtung er führen und welchen Namen er tragen würde. Ganz im Gegenteil ist er geradezu aus der Not geboren, nämlich aus dem Problem, dass sich im jeweiligen Untersuchungsfeld zwar mehrere sinngenetische Typiken entwickeln ließen, aber die so typisierten Orientierungsrahmen nicht auf etablierte soziale Lagerungen oder organisatorische Kontexte zurückgeführt werden konnten. Ich werde die relationale Typenbildung in diesem Buch unter Rückgriff auf drei Studien erläutern, die für mich bei der Explikation der relationalen Typenbildung gleichermaßen zentral waren: Bei den ersten beiden Forschungsarbeiten, welche ich in diesem Kapitel darstellen werde, handelt es sich um von mir betreute Dissertationen; bei der dritten Studie geht es um das von mir geleitete Teilprojekt einer größeren, international vergleichend angelegten Untersuchung, die ich in Kapitel 4 vorstellen werde.

Für ihre Arbeit mit dem Titel „Interkulturelle Handlungskompetenz: Entwicklungshelfer und Auslandskorrespondenten in Afrika" hat *Anne-Christin Schondelmayer* zwölf „biographisch-narrative Experteninterviews" (2010, S. 77) geführt, in denen sie die Interviewpartner/innen sowohl um biographische Er-

zählungen gebeten als auch zu ihrer beruflichen Expertise befragt hat. Die dokumentarische Interpretation dieses Datenmaterials zielte ursprünglich darauf ab,
solche Unterschiede in der interkulturellen Erfahrung zu identifizieren, die mit
dem sozialen Geschlecht und/oder mit dem beruflichen Feld der Entwicklungs-
helfer/innen und Auslandskorrespondent(inn)en zu tun haben; eine solche soziogenetische Typenbildung ließ sich allerdings mangels entsprechender typisierba-
rer Erfahrungszusammenhänge nicht realisieren. Obgleich Schondelmayer also
keine soziogenetischen Typen konstruieren konnte, gelang es ihr, unterschiedliche Dimensionen interkultureller Erfahrung zu identifizieren und zu typisieren,
die sich auf das interkulturelle Handeln, die Reflexion sowie die Darstellung des
Anderen bezogen.

In der ersten Dimension rekonstruierte die Forscherin unterschiedliche „Typen interkulturellen Handelns" (ebd., S. 91): Zentral war hier der Unterschied
zwischen dem eher distanzierten Fremdverstehen (A), bei dem sich die Personen theoretisches Wissen über Afrika aneigneten oder aus den Erzählungen von
Einheimischen schöpften, einerseits und der „interkulturellen Interaktion" (ebd.,
S. 125) andererseits (B). Hier arbeitet Schondelmayer sowohl Formen der existentiellen Distanzierung gegenüber Afrikaner(inne)n (etwa im Zusammenhang mit
Kolonialismusvorwürfen) als auch ein „existentielles Einlassen auf den Fremden"
(ebd., S. 191) heraus.

In der zweiten Dimension geht es um vier unterschiedliche „Reflexionstypen"
in Bezug auf das Interkulturelle (ebd., S. 223): (1) „Werden eigene Deutungs- und
Interpretationsleistungen sowie eigene Wissensbestände nicht weiter in Frage gestellt, so führt dies zu einer Erhabenheit des eigenen Wissens" (ebd., S. 271). In
einem weiteren Reflexionstypus (2) werden die „eigenen Methoden des Fremdverstehens" (ebd., S. 271) nicht in Frage gestellt, ohne dass es damit zu einer Ab-
wertung des Anderen kommen muss. Wo hingegen die „Perspektivengebun-
denheit des Handelns" (ebd., S. 272) reflektiert wird, wird der Andere nicht mit
Zuschreibungen festgelegt (3). Noch stärker gehen die untersuchten Personen dort
auf Andere zu, wo sie auch um die Grenzen ihres eigenen Wissens wissen (4).

Die dritte Dimension interkultureller Erfahrung bezieht sich auf die „Darstellung des Anderen" (ebd., S. 273). Mit dessen (I) „Kulturalisierung" (ebd.) geht
ebenso eine klare Grenzziehung einher wie dort (II), „wo das Handeln des Anderen innerhalb eines Gesamtkontextes von politischen und ökonomischen Inter-
essen gesehen" (ebd., S. 290) und mit dieser „Politökonomisierung" eine unüber-
windbare Differenz zwischen Afrikaner(inne)n und Europäer(inne)n konstruiert
wird. Derartige Grenzen treten dort in den Hintergrund, wo (III) der Andere vor
allem als Individuum begriffen wird. Hier gehen die untersuchten Personen zugleich mittels einer „anthropologischen Universalisierung" (ebd., S. 303) theoretisch von einer Gleichheit aller Menschen aus.

In jedem der zwölf Fälle ließen sich die geschilderten drei Dimensionen rekonstruieren, wobei bisweilen auch in einem Fall unterschiedlich typisierte Orientierungsrahmen einer Dimension auftreten konnten (z. B. eine berufliche Distanzierung von Afrikanern bei gleichzeitiger privatem Einlassen auf den Fremden). Während sich nun, wie erwähnt, nicht rekonstruieren ließ, dass bestimmte Handlungs-, Reflexions- oder Darstellungstypen mit spezifischen Erfahrungshintergründen der Auslandskorrespondent(inn)en und Entwicklungshelfer/innen (etwa ihrem sozialen Geschlecht oder Beruf) zusammenhingen, stieß Schondelmayer auf regelmäßige Verbindungen zwischen den Orientierungsrahmen der ersten, zweiten und dritten Dimension.

So wurde in mehreren Fällen eine Kombination von einem sich selbst immunisierenden, verabsolutierenden Fremdverstehen mit einer existentiellen Distanzierung vom Fremden und einer Politökonomisierung gefunden (1 + B + II). Ein weiterer Zusammenhang, der sich über mehrere Fälle hinweg zeigte, besteht zwischen einer „Nicht-Infragestellung eigener Methoden des Fremdverstehens" (ebd., S. 329), dem Rückgriff auf Erzählungen der Afrikaner/innen, deren Individualisierung und einer anthropologischen Universalisierung (A + 2 + III). „Ein dritter Zusammenhang besteht zwischen einem existentiellen Sich-Einlassen und einem Wissen um das eigene Nicht-Wissen" (ebd., S. 329 f; B + 4). „Die drei Dimensionen", so schreibt Schondelmayer, „überschneiden sich" also „und stehen im Zusammenhang miteinander bzw. in gegenseitigen Bedingungsverhältnissen" (ebd., S. 88).

Auch die Studie von *Heike Radvan*, „Beobachtung und Intervention im Horizont pädagogischen Handelns. Eine empirische Studie zum Umgang mit Antisemitismus in Einrichtungen der offenen Jugendarbeit" (2010), zielte zunächst auf eine soziogenetische Typenbildung ab. Als sich aber keine Unterschiede in den Orientierungsrahmen der Interviews mit 13 Jugendpädagog(inn)en finden ließen, die auf deren Erfahrungsräume (z. B. die Unterscheidung zwischen Einrichtungen der Jugendarbeit in Ost- und West-Berlin oder das soziale Geschlecht) zurückzuführen waren, wandte sich die Forscherin einer genauen Rekonstruktion der professionellen Beobachtungs- und Interventionsformen zu.

In einer der Arbeit von Schondelmayer ähnlich langwierigen komparativen Analyse und Typenbildung identifizierte Radvan drei unterschiedliche Beobachtungsformen: die „stereotypisierende Beobachtung", bei der den Jugendlichen ethnische und andere Zugehörigkeiten vornehmlich zugeschrieben werden, die „immanente Beobachtung" (2010, S. 161–190), bei der die Pädagog(inn)en sich auf die Äußerungen und das kommunizierte Wissen der Jugendlichen beziehen, ohne dessen impliziten Gehalt zu beachten, sowie die „rekonstruktive Beobachtungshaltung" (ebd., S. 191 ff), die auch den impliziten Sinngehalt der Handlungspraxis von Jugendlichen mit einbezieht.

Nicht immer ließ sich in den Fällen nur jeweils eine Beobachtungsform identifizieren. Zwar gibt es Jugendpädagog(inn)en, die sich nur der erstgenannten,
stereotypisierenden Beobachtungsform bedienen. Andere aber, die bisweilen
ebenfalls stereotypisieren, gelingt es darüber hinaus, immanente oder sogar rekonstruktive Beobachtungen anzustellen. Hier zeigten sich also durchaus Unterschiede in der Beobachtungskompetenz. Wichtig sind diese Unterschiede, weil es
Radvan gelang, systematische Relationen zwischen Beobachtungs- und Interventionsformen aufzuzeigen: „Eine bestimmte Art und Weise der Beobachtung spurt
spezifische Interventionswege ein; bestimmte Interventionsformen sind notwendig an bestimmte Beobachtungshaltungen gebunden" (ebd., S. 246).

Dort, wo die Jugendlichen stereotypisiert werden, greifen die Pädagog(inn)en
in ihrer Arbeit gegen Antisemitismus vor allem auf die Vermittlung von Wissen
zurück, von dessen Richtigkeit sie selbst überzeugt sind. Wo sich die Pädagog(inn)
en in einer immanenten Beobachtungshaltung auf die – bisweilen antisemitischen – Äußerungen der Jugendlichen beziehen, kommt es zu einem „kommu-
nikativen Austausch" über Faktenwissen (ebd., S. 161), der allerdings seine eigenen Tücken hat, weil hierzu auch das negativ ausgerichtete Argumentieren „über
Juden" gehören kann. Innerhalb einer rekonstruktiven Beobachtungshaltung fragen die Pädagog(inn)en nach der Funktionalität antisemitischer Äußerungen für
die Jugendlichen. Dies ermöglicht es ihnen, auf Diskrepanzen zwischen der jugendlichen Erfahrungswelt und ihren antisemitischen Äußerungen hinzuweisen.
Oder aber sie verpflichten die Jugendlichen in einer „praxeologischen Intervention" (ebd., S. 221) auf ihre eigenen praktischen Erfahrungen und unterstreichen
auf diese Weise letztlich die handlungspraktische Irrelevanz des Antisemitismus
für ihr Milieu.

In den Forschungsarbeiten von Schondelmayer und Radvan wie auch in unserer noch zu erörternden Studie werden also zunächst zwei oder mehrere Er-
fahrungs- und Handlungsdimensionen identifiziert, in denen sich jeweils unterschiedliche Orientierungsrahmen typisieren lassen. Dieser Schritt verbleibt
letztlich noch auf der Ebene einer sinngenetischen Typenbildung, wenngleich
diese mehrdimensional angelegt ist.

In einem zweiten Schritt werden Verbindungen zwischen einem typisierten
Orientierungsrahmen in der einen Dimension (z. B. die immanente Beobachtung)
und einem typisierten Orientierungsrahmen in der anderen Dimension (z. B. der
kommunikative Austausch über Faktenwissen) gesucht. Eine solche Verbindung
lässt sich nicht abstrakt postulieren, sondern nur am Fall rekonstruieren. Ziel ist
es aber, eine Relation zwischen unterschiedlich dimensionierten und typisierten
Orientierungsrahmen nicht nur in einem, sondern in mehreren Fällen zu rekonstruieren. Denn erst dann kann diese Relation von typisierten Orientierungsrahmen vom Einzelfall abgehoben und typisiert werden. Diese typisierte Relation

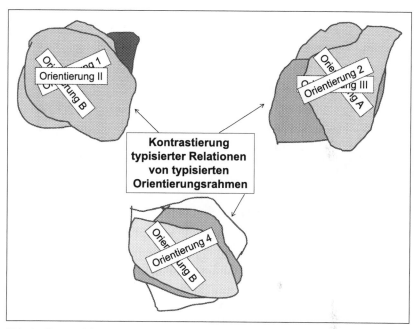

Abb. 9 Zweiter Schritt: Typisierung von Relationen typisierter Orientierungsrahmen (die Rechtecke bezeichnen Dimensionen, die unförmigen Gebilde Fälle)

typisierter Orientierungsrahmen wird gerade dann plausibel, wenn sie sich von anderen typisierten Relationen empirisch abgrenzen lässt (siehe Abbildung 9).[16]

Ähnlich wie in der soziogenetischen Typenbildung genügt es nicht, die Verbindung unterschiedlicher Orientierungsrahmen als eine sinnfreie Parallelität der Orientierungen aufzuweisen; es gilt vielmehr, die Sinnhaftigkeit der typisierten Relation zu rekonstruieren (also etwa die Bedeutung, die eine bestimmte Beobachtungsform der Jugendsozialarbeiterin für ihre Interventionspraktiken erhält). Auf diese Weise lassen sich mit der Bildung relationaler Typiken die sozialen Zusammenhänge von Orientierungen herausarbeiten.

---

16 Zum Beispiel zeigt sich in der Arbeit von Schondelmayer (2010) die Reichweite der Relation zwischen dem sich selbst immunisierenden, verabsolutierenden Fremdverstehen bei Auslandskorrespondent(inn)en und Entwicklungshelfer(inne)n mit einer existentiellen Distanzierung vom Fremden und einer Politökonomisierung (1+B+II) gerade dann, wenn man sie mit der Relation von existentiellem Sich-Einlassen auf den Fremden und dem Bewusstsein für das eigene Nicht-Wissen (B+4) kontrastiert.

Wenn nun danach gefragt wird, welche Art von Ergebnissen diese Vorgehensweise hervorbringt, so ist dies auch eine Frage nach der theoretischen und methodologischen Verortung der relationalen Typenbildung. Theoretisch gesehen erfasst die relationale Typenbildung solche sozialen Formationen, die in doppelter Weise nicht zu den gesellschaftlich etablierten Dimensionen sozialer Heterogenität gehören: Einerseits kann man sie nicht mit einer erfahrungs- bzw. theoriegeleiteten Suchstrategie vorab der empirischen Forschung antizipieren. Andererseits sind die Relationen, die hier in typisierender Absicht aufgezeigt worden sind, auch noch nicht derart in der gesellschaftlichen Praxis verankert, dass sie die Menschen auf den durch ihre „soziale Lagerung" bzw. durch eine bestimmte Organisationsmitgliedschaft strukturierten „Spielraum möglichen Geschehens beschränken" (Mannheim 1964b, S. 528) würden. Wir haben es bei dem, was die relationale Typenbildung erfasst, mit sozialen Zusammenhängen (Relationen) zu tun, die noch im Entstehen begriffen sind, deren Genese also noch andauert.

In dieser Hinsicht kann man davon ausgehen, dass die relationale Typenbildung insbesondere dort von Nutzen ist, wo sozialer Wandel geschieht, wo sich also gesellschaftliche Strukturen verändern und neue Relationen sozialer Orientierungen und Erfahrungen zu Tage treten. Diese Relationen sind, wenngleich sie von den Individuen durchaus einzeln erlebt werden, nicht vorsozial. Vielmehr können die typisierten Relationen typischer Orientierungen den Keim neuer kollektiver Strukturen bilden. Die relationale Typenbildung erfasst mithin *Kollektivität im status nascendi,* während die soziogenetische Typenbildung – zumindest in bisherigen Untersuchungen – eher auf gesellschaftlich etablierte Formen und Dimensionen der Kollektivität verweist.

Methodologisch gesehen stellt sich mit der relationalen Typenbildung die Frage nach der Generalisierbarkeit ihrer empirischen Ergebnisse. Bohnsack (2005b, S. 76) zufolge haben

„Generalisierungsleistungen … ihre Voraussetzungen darin, dass die Grenzen des Geltungsbereichs des Typus bestimmt werden können, indem fallspezifische Beobachtungen aufgewiesen werden, die anderen Typen zuzuordnen sind. Im Fall sind somit grundsätzlich unterschiedliche Typen und Typiken, d. h. unterschiedliche Dimensionen oder ‚Erfahrungsräume', auf der Grundlage komparativer Analyse … aufzuweisen und deren ‚Überlagerungen' empirisch zu rekonstruieren".

Meines Erachtens erfüllt nicht nur die soziogenetische Typenbildung, sondern auch die relationale Typenbildung dieses Kriterium, lassen sich doch in jedem Einzelfall die unterschiedlichen Dimensionen mit ihren typisierten Orientierungen gerade dann voneinander differenzieren, wenn man ihre Überlagerung und ihren sinnhaften Zusammenhang im Sinne der Typisierung von Relationen rekonstruiert.

Für die relationale Typenbildung gilt hier ebenso wie für die soziogenetische Typenbildung das Prinzip des „Kontrasts in der Gemeinsamkeit". Dieser ist „zugleich die Klammer, die eine ganze Typologie zusammenhält" (Bohnsack, 1989, S. 374). Karl Mannheim charakterisiert diese Überlagerung der Typiken als ein „Ineinandersein Verschiedener sowie das Vorhandensein eines einzigen in der Verschiedenheit" (1964a, S. 121).

Mit ihren unterschiedlichen *Formen der Typenbildung* kann die dokumentarische Methode einen Beitrag zu einer qualitativen bzw. rekonstruktiven Sozialforschung leisten, der sich nicht in der – gleichwohl wichtigen – Rekonstruktion von Akteursperspektiven erschöpft, sondern die Einbindung dieser Akteursperspektiven in soziale Zusammenhänge untersucht. Mit der *sinngenetischen* Typenbildung wird zunächst die Heterogenität und Pluralität der Orientierungen deutlich, ohne dass diese in ihrer sozialen Funktionalität und Genese rekonstruiert werden könnten. In der *soziogenetischen* Typenbildung kann herausgearbeitet werden, wie Orientierungen in unterschiedlichen kollektiven Erfahrungsräumen, z. B. jenen der Generation, des Geschlechts oder einer Organisationseinheit, verankert sind.[17] Mit der *relationalen* Typenbildung lässt sich zeigen, in welchem systematischen Zusammenhang unterschiedliche Dimensionen von typischen Orientierungen stehen.[18]

---

17 Wie schon weiter oben mit Bezug auf Arbeiten der dokumentarischen Organisationsforschung (vgl. Vogd 2009) angedeutet wurde, hat sich die soziogenetische Typenbildung weit ausdifferenziert, ohne dass sich dies allerdings in neuen methodologischen Begrifflichkeiten niederschlagen würde. Eine begrifflich prononcierte Differenzierung der Typenbildung stellt dagegen die prozessanalytische Typenbildung dar (vgl. von Rosenberg 2012), auf die hier allerdings nicht näher eingegangen werden kann.

18 An dieser Stelle muss betont werden, dass der Begriff der Dimension sich im Rahmen soziogenetischer Typenbildung stets auf konjunktive Erfahrungsräume bezieht, während er in der relationalen Typenbildung (noch) nicht in dieser Weise grundlagentheoretisch verankert ist.

Vom Fallvergleich zur relationalen Typenbildung: Ein Forschungsbeispiel

Für die relationale wie die soziogenetische Typenbildung ist der Vergleich konstitutiv. Während man in der soziogenetischen Typenbildung aufgrund der theorie- oder erfahrungsgeleiteten Suchstrategien allerdings bereits vorläufige Kriterien (als Suchstrategien) dafür besitzt, woraufhin man einzelne Fälle miteinander vergleicht – man kann sie unter Bezug auf Themen vergleichen, die etwa für Gender, Generation oder soziale Schicht relevant sind –, sind die Vergleichsgesichtspunkte in der relationalen Typenbildung zunächst noch unklar. Die zentrale Frage, die ich in diesem Kapitel erörtern möchte, lautet daher: Wie kann man das den Vergleich von Fällen strukturierende Dritte, das *Gemeinsame,* vor dessen Hintergrund sich die Unterschiedlichkeit von Fällen erst herauskristallisiert, entdecken und für die Bildung relationaler Typen nutzen? Wir benötigen hier solche Tertia Comparationis, die in unterschiedlichen Dimensionen und zugleich in sinnhaften Relationen zueinander angelegt sind. Denn von zentraler Bedeutung ist es ja, dass in der relationalen Typenbildung in mehreren Dimensionen typische Orientierungen herauszuarbeiten sind, die man dann auch noch aufeinander beziehen kann.

Auch wenn die Relationen, die es zwischen unterschiedlich dimensionierten Orientierungen zu entdecken gilt, erst dann typisiert werden können, wenn man sie in mehreren Fällen rekonstruiert hat, ist doch eine jede Relation von Orientierungen immer schon im Einzelfall angelegt. Schon aus diesem Grunde liegt es nahe, bereits bei der vergleichenden Fallrekonstruktion auf mögliche Zusammenhänge innerhalb eines Falles zu achten. Diese Aufmerksamkeit für den Fall wird dadurch ausbalanciert, dass man von Beginn an nach fallübergreifenden, für die Forschungsarbeit wichtigen Tertia Comparationis Ausschau hält.

In einem bereits in Kapitel 3 erwähnten Teilprojekt der Studie „Kulturelles Kapital in der Migration"[19] sind wir den oben skizzierten Weg gegangen. Da uns zu diesem Zeitpunkt noch nicht bewusst war, welche Art von Typenbildung wir verfolgen, kann hier nicht von einer ‚Forschungsstrategie' gesprochen werden. Vielmehr ergaben sich die Überlegungen zur relationalen Typenbildung, wie sie hier dargelegt werden, erst aus den Erfahrungen mit dieser und den anderen, in Kapitel 3 vorgestellten Forschungsarbeiten. Das Beispiel aus unserem Teilprojekt, das ich nun vorstellen möchte, sollte daher von den Leser(inne)n auch nicht als Rezept, sondern eher als Anregung verstanden werden, eigene Erfahrungen mit der relationalen Typenbildung zu machen.

Im Zentrum unserer Studie stand die Frage, wie hochqualifizierte Migrant(inn)en ihr akademisches Wissen und Können so auf dem Arbeitsmarkt verwerten, dass es zu „kulturellem Kapital" (Bourdieu 1983) wird. Zur empirischen Untersuchung dieser Frage wurden narrative, biographisch angelegte Interviews (im Sinne von Schütze 1983) mit über 200 Betroffenen durchgeführt[20] und größtenteils ausgewertet. Auf weitere Details der Studie und insbesondere auf den internationalen Vergleich werde ich noch in Kapitel 5 und 6 eingehen. An dieser Stelle sollte der Hinweis genügen, dass das Teilprojekt, in dessen methodologischer Reflexion die relationale Typenbildung explizit wurde, sich mit solchen Migrant(inn)en in Deutschland befasste, die einen akademischen Abschluss im Ausland gemacht hatten und die auf dem Arbeitsmarkt gegenüber Deutschen formal gleichberechtigt waren.[21]

---

19 Die Studie wurde von Karin Schittenhelm, Oliver Schmidtke, Anja Weiß und mir geleitet. Zu Anlage und Ergebnissen der Studie siehe Nohl et al. 2010a.

20 Man kann zwar auch biographische Interviews auf einen bestimmten, für das jeweilige Projekt besonders relevanten Abschnitt der Lebensgeschichte begrenzen und die Eingangsfrage entsprechend formulieren. Da wir aber vorab der empirischen Untersuchung kein Urteil darüber fällen konnten, welche Aspekte bzw. Abschnitte der Lebensgeschichte für eine spätere Migration und Arbeitsaufnahme im Einwanderungsland von Relevanz sein könnten, haben wir unseren Interviewpartner(inne)n, die gleichwohl von unserem spezifischen Forschungsinteresse wussten, eine auf die ganze Biographie zielende Eingangsfrage gestellt, wie etwa folgende: „Gut ich möchte Sie bitten mir Ihre Lebensgeschichte ähm zu erzählen von Anfang an, erzählen Sie bitte so ausführlich wie Sie möchten, (.) mit allen Erinnerungen äh allem Ihnen (.) einfällt (.) ähm (.) bitte fangen Sie an." Aus Sicht einer rekonstruktiven Forschungshaltung, die an impliziten Wissensgehalten, Erfahrungen und Orientierungen interessiert ist, wäre es auch nicht sinnvoll gewesen, die Interviewpartner/innen selbst entscheiden zu lassen, wann sie erstmalig für die Migration relevante Erfahrungen gemacht haben und ab welchem Zeitpunkt in ihrem Leben sie daher ihre Lebensgeschichte erzählen wollen. Denn dies hätte bedeutet, die Interviewpartner/innen in eine reflexive Haltung gegenüber ihrer Lebensgeschichte zu drängen und sich auf ihre Eigen- oder Alltagstheorien verlassen zu müssen.

21 An dem von mir geleiteten Teilprojekt waren Ulrike Ofner, Sarah Thomsen und Yvonne Henkelmann beteiligt, wobei die meisten Interviews von ersterer erhoben und ausgewertet

Innerhalb dieser von uns als Angehörige einer Statusgruppe bezeichneten Migrant(inn)en stießen wir auf eine große Heterogenität an biographischen Erfahrungen und Formen der Verwertung akademischen Wissens und Könnens. Diese ließen sich jedoch weder auf die – in der Migrationsforschung zwar üblicherweise fokussierte, von uns aber ausdrücklich *nicht* für das Sampling herangezogene – ethnische Zugehörigkeit der Migrant(inn)en noch auf geschlechtsspezifische Differenzen beziehen.[22] Was aber tun, wenn die theorie- und erfahrungsgeleiteten Suchstrategien nicht in eine soziogenetische Typologie zu überführen sind? Wir haben dann in unserem Teilprojekt zu hochqualifizierten Migrant(inn)en zunächst Fälle miteinander verglichen, von denen wir nicht von vorneherein wussten, in Bezug auf welche sozialen Unterschiede wir sie miteinander kontrastieren sollten. Ein solcher Vergleich beginnt mit dem sprichwörtlichen Stochern im Heuhaufen des empirischen Datenmaterials, ohne dass er allerdings dabei stehen bleiben würde.

Die ersten narrativen Interviews wurden, weil wir ja noch nicht wussten, welche Themen für unsere Auswertung wichtig sein würden, vollständig transkribiert.[23] Die Eingangserzählungen in zwei Fällen – bei Frau Yan, einer Biochemikerin aus China, und Frau Guzman-Berg, einer Beraterin für internationales Steuerrecht aus Brasilien – wurden von meiner Mitarbeiterin Ulrike Selma Ofner interpretiert, ohne sie schon dezidiert miteinander zu vergleichen. Zugleich haben wir aber, um uns einen Überblick über das schnell auf neun Interviews angewachsene Sample zu verschaffen, die Fälle in einer (hier auf fünf Personen reduzierten) Tabelle aufgelistet und auf diese Weise die z. T. noch vagen oder unklaren (mit einem Fragezeichen versehenen) Angaben zu den Fällen geordnet (Tabelle 1).

Indem wir unterschiedliche „Aspekte" der Fälle in der Tabelle auflisteten, versuchten wir, erste Themen und Dimensionen zu identifizieren, die in mehreren Fällen zugleich auftraten und für die Untersuchung von Relevanz sein könnten. Einige dieser Aspekte beruhten auf Sozialdaten wie der Geburt bzw. dem Einreisezeitpunkt, andere wiederum bezogen sich eher auf die erfahrungsgesättigten Schilderungen der Migrant(inn)en und konnten (wie etwa die Motivation für

---

wurden. Siehe zu unseren Ergebnissen u. a. Nohl et al. 2007 u. 2010b, Thomsen 2009, Ofner 2011 u. Henkelmann 2012.

22 Diese Vielfalt war entstanden, obwohl wir uns nicht nur auf Migrant(inn)en mit ausländischen akademischen Abschlüssen und einem gleichberechtigtem Zugang zum deutschen Arbeitsmarkt beschränkt hatten, sondern zudem nur solche interviewten, die seit mindestens fünf Jahren in Deutschland ansässig waren und im naturwissenschaftlich-medizinischen, Informatik- oder Wirtschaftsbereich qualifiziert waren.

23 Später, als sich schon einige Vergleichsdimensionen herauskristallisiert hatten, haben wir nur noch die Eingangserzählung vollständig transkribiert und dann aus dem Nachfrageteil anhand des thematischen Verlaufs einzelne Passagen zur Transkription ausgewählt (vgl. zu dieser Vorgehensweise Nohl 2012a, S. 40).

Tab. 1 Fälle und ihre Aspekte

Aspekte \ Fälle	Fr. Yan	Hr. Kemal	Fr. Guzman-Berg	Fr. Kurosawa	Hr. Nazar
Geburtsjahr	1964	1946	1976	1941	1962
Familie (Partner mit Herkunftsland, Kinder)	Verheiratet mit Deutschem, 1 Tochter, geb. 2000	Verheiratet mit Frau türkischer Herkunft, 1 Sohn (21 J.)	Verheiratet mit Deutschem, 1 Tochter (1 J.)	Verheiratet mit Deutschem, 1 Sohn (erwachsen)	Verheiratet mit Frau türkischer Herkunft, 2 Kinder
Einreisejahr	1993	1969	2001	1965	1991
Herkunftsland	China	Türkei	Brasilien	Japan	Türkei
Soziale Herkunft	Obere Mittelschicht	Noch unklar	Obere Mittelschicht	Untere Mittelschicht	Noch unklar
Universitätsabschluss im Herkunftsland	Biochemie	Medizin	Jura	Pharmazie	Medizin
Anlass/Motivation für Migration	Promotionsstelle	Welterkundung nach Studium	Dt. Freund u. Studien- bzw. Berufsinteressen	Dt. Freund, bessere berufliche Chancen	Eheschließung
Stationen/Länder der Migration	Deutschland, zw. 2000–2001 ca. 1 ½ J. USA	Nur Deutschland	3-monatiger USA-Aufenthalt, dann Deutschland	Deutschland	Nur Deutschland
Motivation für Deutschland als Ziel	Freie Stelle; 2. Fremdsprache erlernen	Noch unklar	Dt. Freund und Studien- bzw. Berufsinteressen	Dt. Freund, bessere berufliche Chancen	Ehefrau in Deutschland ansässig

Fälle / Aspekte	Fr. Yan	Hr. Kemal	Fr. Guzman-Berg	Fr. Kurosawa	Hr. Nazar
Bedeutung ethnischer Netzwerke	Beruflich: keine; privat wichtig	Ausschlaggebende Bedeutung	Beruflich: keine, privat, internationaler Freundeskreis	auch japanische Patient(inn)en, privat japan. u. internationaler Freundeskreis	Ausschlaggebende Bedeutung
Bedeutung ethnischer Ökonomie	Keine	Ausschlaggebende Bedeutung	Keine	Keine	Ausschlaggebende Bedeutung
Bedeutung der Sprache für Arbeitsmarktintegration	‚Arbeitssprache' international und Kommunikation mit Kollegium gut auf Englisch möglich	Keine	Unwesentlich, da berufliche Kommunikation auf Englisch	Groß	Keine
Stationen der Arbeitsmarktintegration (Stellen etc.)	Klinikum, danach private Firma, dann 1 ½-jähriger USA-Projektaufenthalt, nach Baby-Pause wieder Klinikum	Arzt im Krankenhaus, dann eigene Praxis	Nach Babypause wieder Arbeitsaufnahme in derselben Firma als Expertin für internationales Steuerrecht	Zunächst Jobs als Pharmazeutin, nach Medizinstudium eigene Praxis	Noch unklar, heute eigene Praxis

Deutschland als Ziel) nur tentativ bzw. überhaupt nicht benannt werden, sofern der entsprechende Fall nicht schon rekonstruiert worden war. Insgesamt war die Liste der Aspekte noch völlig offen, sowohl was ihre Erweiterung als auch was ihre Kürzung anging.

Bereits die Geburts- und Einreisedaten gaben uns einen Anhaltspunkt dafür, welche Fälle eher miteinander vergleichbar sein würden. So lag es, nachdem die Interviews mit Frau Yan und Frau Guzman-Berg bereits teilweise ausgewertet worden waren, nahe, den Fall von Herrn Nazar als nächstes hinzuzuziehen, die älteren, zwischen 1962 und 1970 eingewanderten Personen aber auszuklammern.[24] In der nun folgenden vergleichenden Interpretation dieser drei Interviews sollte einerseits der Eigenstrukturiertheit der jeweiligen Fälle genüge getan werden, andererseits aber auch die Suche nach relevanten Vergleichsdimensionen vorangetrieben werden. Es ging nun nicht mehr nur darum, in der mehr oder weniger intensiven Anschauung des Materials ad hoc relevante Themen zu identifizieren, sondern innerhalb der Fälle mögliche Vergleichsdimensionen in ihrer Bedeutung sowohl für den Fallkontext als auch für die gesamte Untersuchung zu analysieren.

Ausgangspunkt für den folgenden Vergleich ist das narrative Interview mit Herrn Nazar, das ich an geeigneten Stellen immer wieder mit den Interviews von Frau Dr. Yan und Frau Guzman-Berg verglichen habe. Die vergleichende Interpretation widmet sich der Zeit ab den ersten Schritten, die zur Migration nach Deutschland führten. Auf die Vergleichsfälle von Dr. Yan und Frau Guzman-Berg wird zwar auch anhand der Transkripte, allerdings nur zusammenfassend, eingegangen.

Dr. Nazar

Herr Nazar schildert in dem Interview ausführlich seine Kindheit, Jugend und ersten Berufsjahre als Allgemeinmediziner in der Türkei. Nach dem Studienabschluss, dem Militärdienst und einer Pflichtdienstzeit an der Schwarzmeerküste, gelingt es ihm, in seinen Heimatort Muğla an der Ägäisküste der Türkei versetzt zu werden. Hier – in Zeile 322 des Interviews – setzt der erste abgedruckte Transkriptabschnitt und im Anschluss daran meine Interpretation ein.

---

24 Tatsächlich erwiesen sich die Fälle von Kemal und Kurasawa als so maximal kontrastierend (und letztlich aus dem Rahmen unserer Untersuchung fallend), dass wir sie auch später nicht mehr in die Analyse einbezogen haben. Dieser maximale Kontrast hätte uns allerdings – wenn dies für die Fragestellung des Projekts wichtig gewesen wäre – u. U. die Möglichkeit eines Generationenvergleichs geboten.

322 Nazar: .... Da:nn (.)
323   hab ich dort angefangen, und dann zwei Jahre hab ich auch dort gearbeitet. (1)
324   Und in diesem zwei Jahren beziehungsweise diese zwe- drei Sommern war ich
325   nur zehn Mal also nicht mal zehn äh am Strand oder im im Meer im Wasser ge-
326   wesen, es tut mir immer noch weh. (.) Äh schade eigntlich. ((atmet ein)) Äh ja
327   dann kam eine Sache, äh ich hatte Probleme mit meiner Knie im Jahr 91. Ich
328   musste operiert werden im Januar habe ich das getan, hat nicht geklapps dann
329   musste ich noch mal operiert werden im Mai. Zweite war bisschen schwer und
330   deswegen musste ich 12 Wochen lang äh äh krank geschrieben. //mhm// (1) Äh
331   dann: wollte ich (jip) nich unbedingt dort bleiben es gab ja wieder Konflikte
332   zwischen mir und mein mein äh äh Vorgesetzte. Ich wollte eigntlich weiter ar-
333   beiten, die wollten das auch noch aber dann kam eine Sache was ich überhaupt
334   nich akzeptiern würde, ((atmet kurz ein)) ich muss einige Sachen unterschreiben,
335   mit Druck, hab ich das abgelehnt, und dann sagt=ich geh einfach ich werde das
336   nicht tun. Ich war (doch) weg, aber ich wusste nich wohin. //mhm// Na gut,
337   erstmal Ankara. (.) Meine Freunde zu sehen, einige äh Verwandte zu sehen und
338   so was, u:nd (.) inzwischen warn war mein Onkel auch in Ankara gewesen, der
339   lebt hier in Hamburg eigntlich //mhm// aber im Sommer kommen sie äh dorthin.
340   (.) Und die haben für mich ein Notiz hinterlassen (1) äh wenn er kommt, dann
341   soll er nach Antalya kommen. Na gut, umso besser ich weiß ja sowieso nich was
342   ich tun soll. ((atmet ein)) Ich war dann unterwegs nach Antalya, dann äh hab ich
343   angerufen, (.) ich komme. Na gut. Dann hatten sie irgendetwas vorgeplant (.) ä:h
344   mein Onkel und meine Tante, hatten (hier) auch schon Freunde natürlich und die
345   hatten doch eine Tochter, (1) oder eine von drei, die älteste, die haben sie für
346   mich äh reserviert sozusagen. //mhm// Wir kannten uns schon äh vor (.) vor zehn
347   Jahrn ungefähr //mhm// als ich Unistudent war, ungefähr warn wir irgendwie be-
348   freundet. //mhm// ((räuspert sich)) Und dann (.) haben wir uns schon öfters ge-
349   sehn eigntlich; in Sommerurlaub und so was. ((atmet ein)) Sie war auch da, u:nd
350   ja; dann irgndwie is sie Sache gekommen (1) ob wir das versuchen würden (.)
351   zusammen zu sein. (2) Ich hatte Zeit (.) dort. also nicht mehr 12 Monaten äh
352   Wochen sondern acht Wochen ungefähr aber die hatten ja auch nur noch fünf
353   oder sechs Wochen //mhm// Sommerurlaub. Aber wir waren doch zusammen,
354   und dann=ne ((atmet aus)) wir kamen näher, und dann sagten O. K. wir versu-
355   chen es. ((atmet ein)) Versuch war in dem Sinne ich wollt eigntlich nicht. Ich
356   war zufrieden also mein Ort wo ich (dieses) Mal gearbeitet hatte, in (Abdnulu)
357   an der Küste, also Südwestecke von der Türkei, wo es Troja gibt //mhm// also
358   zwischen (Itaberg) und Ägäische Küste, als ich saß in mein Zimmer äh dann hab
359   ich (.) See gesehen Wasser gesehen //mhm// und die Olivenbäume und so was
360   also es war es war locker es war sehr schön. ((atmet ein)) Und denn kam sie zu
361   mi:r einfach zu sehn wie ich lebe, (2) ähm na ja da war eigntlich auch nich so

362	einfach. Weil wir zu zweit arbeiten mussten im Sommer für 220 000 Leute. Äh
363	((atmet aus)) jede Nacht entweder ein äh Verkehrsunfall oder ein Schlägerei
364	Schlägerei oder so was also Fälle zum also irgndetwas //mhm// ((atmet ein))
365	dann ((atmet ein)) sie war ((atmet ein)) ungefähr eine Woche bei mir, also sieben
366	acht Nächte ungefähr und ich war fast nie durchgehend zu Hause //mhm// auch
367	nachts. Und sie sagte nee (.) ich kann das nicht. O.K., dann (.) seh ich (.) dort
368	wie es dort ist. Dann bin ich hierher gekommen als Tourist erstmal im Jahr 91,
369	(1) ((atmet kurz ein)) äh puhf (1) Hab geguckt, (1) nur als Tourist, keine Ah-
370	nung, aber dann (.) sind wir doch ziemlich näher gekommen, und habn gesagt
371	O.K. wir machen das trotzdem. //mhm// Und ich komme hierher. Ich hatte eig-
372	ntlich keine große Vorstellungen (.) große Erwartungen ((atmet ein und aus)) ja
373	ich bin doch (als) Arzt (1) hierhergekommen aber äh nicht unbedingt als Arzt
374	geboren. //mhm// Und ich kann alles tun eigntlich als gesunder Mann, und des
375	wegn hab ich mir erstmal keine Sorge gemacht, ja erstmal ein Familie gründen
376	und dann (.) schaff ich, hab ich mir gedacht und sie war auch berufstätig, (1) 91
377	Heirat, ä:hm dann (.) bin ich erst 92 Juli hierher gekommen.

322–336   Fortsetzung der Erzählung mit Hintergrundkonstruktionen: Beschreibung (324–326), Bewertung (326), Beschreibung (331–333)

In dieser Fortsetzung von Herrn Nazars lebensgeschichtlicher Erzählung wird erstens eine Enttäuschung deutlich: Obwohl es ihm gelungen ist, an den Heimatort versetzt zu werden, kann er dessen Annehmlichkeiten („Strand" und „Meer") nicht genießen, was Herr Nazar bedauert. Zweitens wird sein berufliches Engagement ausgesetzt, da er wegen einer komplizierten Knieoperation längere Zeit krankgeschrieben wird. Drittens berichtet er von Konflikten mit seinen Vorgesetzten, deren Erwartungen er nicht erfüllen kann. (Später wird dies im Detail erzählt: er soll wider besseren Wissens Gebäude als gesundheitspolizeilich unbedenklich deklarieren.) Insgesamt dokumentiert sich hier eine gewisse berufsbiographische Ethik und daraus folgend auch Enttäuschungsgefühle.

336–355   Fortsetzung der Erzählung mit Hintergrundkonstruktionen: Beschreibung (338–339), Argumentation (341–342), Beschreibung (346–349)

Herr Nazar bekräftigt seine Weigerung, etwas in dieser Passage nicht näher Bezeichnetes zu tun, indem er „weg" geht. Es dokumentiert sich hierin die Verfestigung einer Art Time-Out-Phase, die nun auch durch das Reisen noch verstärkt wird. Zugleich zeigt sich, dass Dr. Nazar weitgehend orientierungslos ist. Er weiß nicht einmal, „wohin" er gehen sollte, und besucht zunächst Ankara, wo er einmal gelebt hatte. In diese Time-Out-Phase fällt die Einladung seines in Hamburg ansässigen Onkels an dessen Urlaubsort „Antalya". Dabei erfährt Herr Nazar erst unterwegs, dass diese Einladung durchaus mit einem Hintergedanken verbunden ist, nämlich damit, dass eine „Tochter" (offenbar nicht die des Onkels, sondern die der Tante) für ihn „reserviert" ist, obgleich ihm diese Cousine zwar gut bekannt, aber keineswegs ans Herz gewachsen zu sein scheint. Das Anliegen der Älteren wird Herrn Nazar offen vorgetragen, ohne dass sich hier auf seiner Seite irgendein Widerspruch gegen diese junge Frau oder gegen das gesamte Verfahren der arrangierten Beziehungsschließung finden lässt. Vielmehr lässt sich Herr Nazar auf das Anliegen seiner Verwandten ein und verbringt eine längere Zeit mit ihnen und seiner Cousine. Im Ergebnis steht der Entschluss der beiden, das ihnen von außen angetragene Anliegen aufzugreifen und es zu „versuchen". (Zur Erläuterung: Wenn hier und im Folgenden von Onkel und Tante gesprochen wird, so ist ganz offensichtlich nicht ein verheiratetes Paar gemeint, sondern zwei Geschwister von Herrn Nazars Vater oder Mutter. Die Tante wird seine Schwiegermutter werden, der Onkel aber nicht sein Schwiegervater. Im Türkischen werden die Eheleute des Onkels oder der Tante nicht als Tante oder Onkel bezeichnet.)

355–360   **Argumentation mit Hintergrundkonstruktion: Beschreibung (356–359) und Bewertung (360)**

Herr Nazar kontrastiert nun diesen Entschluss mit seiner argumentativ vorgetragenen Orientierungstheorie, „eigntlich" nicht zu wollen. Hiermit plausibilisiert er den Umstand, dass es sich dabei nur um einen „Versuch" handelte. Hierin wird zugleich eine gewisse – zumindest praktische, wenn auch nicht prinzipielle – Distanz gegenüber der arrangierten Ehe deutlich: Er übernimmt keineswegs einfach die Vorgaben seiner älteren Verwandten. Seine Skepsis begründet Herr Nazar nun aber nicht mit der Person der Cousine, sondern mit seinen eigenen Lebensumständen, die er zusammenfassend als „locker" und „schön" bewertet. Deren Beschreibung widerspricht in gewisser Weise der zuvor geäußerten Unzufriedenheit und kann insofern nur in der Kontrastierung mit den Implikationen einer Eheschließung plausibel werden.

360–368   **Fortsetzung der Erzählung mit Hintergrundkonstruktion: Beschreibung (361–367)**

Es dokumentiert sich hier erneut, dass die geplante Eheschließung nicht unmittelbar mit einer Heiratsmigration nach Deutschland verknüpft oder auch ihr zuliebe geplant ist. Vielmehr ist (zumindest für Herrn Nazar) zunächst noch weitgehend unklar, wer wohin ziehen wird. Die Lebens- und Arbeitsverhältnisse, wie sie Herr Nazar beschreibt und seine Cousine erlebt, widersprechen nicht nur der o. g. Charakterisierung, sondern auch den Vorstellungen der Cousine. In dem Fazit – die Cousine lehnt diese Art zu leben ab – übernimmt Herr Nazar sehr weitgehend deren Perspektive (letztlich dient ja die ganze vorangegangene Beschreibung bereits der Plausibilisierung dieser Perspektive) und gründet hierauf seine eigene Bereitschaft, nunmehr die Verhältnisse in Hamburg genauer unter die Lupe zu nehmen. Selbst in der Diktion, mit der er diese Bereitschaft bekundet, wird noch seine Zurückhaltung gegenüber einer Heiratsmigration deutlich: Er wird erst ,sehen‘, wie es „dort ist‘‘, ohne sich damit gleich existentiell auf Hamburg einzulassen.

368–377   **Fortsetzung der Erzählung mit Hintergrundkonstruktion: Orientierungstheorie (372–374) und Beschreibung (376)**

Seine Beobachterhaltung manifestiert sich in einer ersten Reise, die er als „Tourist‘‘ machte. Seine Beobachtungen führen indes zu keinem Ergebnis, er hat immer noch „keine Ahnung‘‘, kann sich also nicht aufgrund dessen, was er gesehen hat, für eine Migration entscheiden. In der Folge (auch seines Aufenthaltes) wird aus der arrangierten Beziehung nun aber doch eine Intimbeziehung, wie Herr Nazar hier sehr dezent mit dem „dann (.) sind wir doch ziemlich näher gekommen,‘‘ ausdrückt, die ihn dazu veranlasst, seine Bedenken hinsichtlich des Ortes ihres Zusammenlebens zurückzustellen und die Ehe „trotzdem‘‘ einzugehen – mit der Konsequenz, nach Hamburg zu migrieren. Im Folgenden wird nicht nur Herr Nazars Orientierungs- und Erwartungslosigkeit bezüglich des Ortes, sondern auch bezüglich seiner beruflichen Zukunft deutlich: Seine Karriere als Arzt macht er nicht zur Maxime seines Lebens, sondern nimmt seine Fähigkeiten als unspezifischer und breiter wahr („ich kann alles tun‘‘). Auf diese Weise blendet er seine beruflichen Chancen und Risiken aus und konzentriert sich auf die Eheschließung. Wie in der anschließenden abstrahierenden Beschreibung deutlich wird, spielt hierfür die Berufstätigkeit seiner Verlobten ebenfalls eine Rolle. Nun folgt die „Heirat" und die Migration nach Hamburg.

Vergleich mit Frau Yan

An dieser Stelle bietet sich der Vergleich mit Frau Yan an, die in Bezug auf die Motivation zur Migration einen maximalen Kontrast zu Herrn Nazar darstellt. Auf Nachfrage der Interviewerin erläutert Frau Yan nach einer äußerst knappen Eingangserzählung den Beginn ihrer Migrationsüberlegungen (90–153):

90	Y1:	Und äh wie war das als Sie sich ähm entschlossen hatten, sich für Deutschland
91		zu bewerben. Können Sie ah darüber ein bißchen erzählen?
92	Yan:	Ah ja. Nh damals als (hat) sich diese Zeit in China die Tür schon für ganze Welt
93		ist schon offen. //mhm// Und äh
94	Y1:	Das war 19 hundert (2)
95	Yan:	achtzig, na ich bin schon in 83 schon zur Uni gegangen. China hat die Tür lang-
96		sam (auf) und das war 1980 Jahre. //mhm// Und äh es gibt auch chinesische Stu-
97		denten von Anfang achtziger Jahr schon wenige Leute nach Ausland gegangen.
98		Nach U- USA, Großbritannia, egal was, schon dahin gegangen zu weiter studie-
99		ren. Zu PHD zu studieren. In meiner Zeit 19 hundert (.) war meine Uni fertig 87.
100		//mhm//. Das war schon viele schon viele vor mir schon viele gegangen. //mhm//
101		China fängt schon alles schon weiter und äh (.) ich habe auch gerne mir gerne
102		nach Ausland zu gehen zu weiter studieren und ( ) zu gucken, wie das alles
103		läuft @(.)@. U:nd ich habe natürlich am Anfang, eh ich habe nicht gedacht nach
104		Deutschland zu kommen nach (Ka-) würde ich gerne nach eh USA zu gehen.
105		War alles meine Kollege äh Arbeitskollege oder Studiekollege ist nach USA ge-
106		gangen. Und äh aber damals hat auch äh nach (dem) 1989 es gibt chinesische
107		diese ( )Studente //mhm// demonstrieren //mhm, mhm// und danach wir könn-
108		ten nicht dahin nach ( ) weitergehen. //mhm// Das heißt äh wir haben in China
109		damals wir haben studieren, Studien, wir brauchen nicht so Studiengebühren be-
110		zahlen. Wir haben umsonst bekommen. //mhm, mhm// und sonst zu dort zur Uni
111		zu leben oder zu Studien wir zahlen nur Bücher, Materialsachen, //mhm// und
112		das heißt es gibt die Gesetze, wir müssen auch äh für mu- muss fünf Jahre in
113		China arbeiten. //mhm//. Nach die Arbeitszeit, das heißt nach diese fünf Jahre
114		arbeiten, mh wir können wie die äh wie kann man Studien=gebühren wie zu-
115		rückzahlen. //mhm, mhm// Und bei meine Zeit ist so auch nicht wie jeder wir
116		können, wenn man eine Verwandtschaft in Ausland hat, zum Beispiel wenn du
117		eine Vater, Muttter, dass sie im Ausland lebt, du kannst gegen diese Geld Ge-

118   bühren sofort zahlen. //mhm// Aber wer ohne diese Relationship, wie kann man
119   (.) dann, man mh es gibt keine Möglichkeit zu Geld zu zahlen. Das heißt du
120   mußt arbeit(en). //„mhm mhm"// Und das war diese Gesetz fünf Jahre; und dann
121   diese Gesetz äh nach drei Jahr hat geändert. //„mhm mhm"// 1990 oder ich bin
122   mit 1990 fertig nach drei Jahr, das wär ungefähr 93. //mhm// Und das Gesetz Ge-
123   setz eigentlich äh auch, ich denke auch jeder kann diese ( ) Gebühren Geld zu-
124   rückzahlen. Nicht für die Leute, die (.) die Verwandtschaft in Ausland lebt, das
125   zahlen. //mhm// Und dann, ja war auch diese Arbeits- äh -zeit, auch die Zeit
126   verkürzt. Für drei Jahre, weil ich hab schon mal Magister studiert hatte, das heißt
127   ich konnte drei Jahre in China arbeiten, (kann) wieder nach äh Ausland und so
128   weiter zu studieren. //mhm// Und um diese Zeit ich habe gedacht, na ich habe
129   mich   beworben   bei   uns   Forschungsbereich   es   gibt   immer   Wissen-
130   schafts(magazin) //mhm mhm// kann man (Magazin) auch auf deutsch Worte äh
131 Y1:   Ach, das suchen wir uns dann schon heraus aus dem Wörterbuch.
132 Yan: Ach dann das heißt in der Natural Sience du hast immer diese Ausschreibungen,
133   die Stelle. Ich hab eine bei, ich weiss nicht, bei Natural Sience es gibt UKE eine
134   Stelle zu Aus- Aus- Stelle Annonce gehabt.
135 Y1:   Wo wo haben Sie das gefunden?
136 Yan: Ja bei dieser Zeitschrift.
137 Y1:   Bei der Zeitschrift.
138 Yan: Ja Natural Sience.
139 Y1:   ⌊Ach so, Magazin. Ja, ja. Jetzt habe ich (.) ja
140 Yan: Ja, ja in der Zeitschrift.
141 Y1:   Zeitschrift ja
142 Yan: Ja das war für uns das ganz normal. Das war immer diese Forschungszeitschrift
143   war immer diese Stelle. Weil damals war nicht so gut der Internet. Aber jetzt,
144   //ja jetzt// jetzt durch die Internet. Aber damals es gibt immer diese Zeitsch- wo
145   wir beworben (kann). (Denn) ich hab dort bei UKE ich hab das gesehen. Be-
146   worb- und da hab ich ( ) und dann bei ....tologie der Herbert (mund).
147   Jetzt ist er private Dozent, er hatte mich sofort beantwortet. Ja, ja in drei Wochen
148   ich habe eine Zusage und so.
149 Y1:   Schön.
150 Yan: Und ich (gesagt) äh und dann habe ich gedacht, o.k. dann gut. Viele schon nach
151   USA gegangen, nach ( ) englisch, vielleicht ich kann noch eine zusätzli-
152   che @Sprache@ lernen. Ja, darum bin ich nach Deutschland gekommen. Wirk-
153   lich aus diese Grund. Vielleicht lerne auch eine @andele Sprache@

Da zum Zeitpunkt der vergleichenden Rekonstruktion schon eine detaillierte Interpretation des Interviews mit Frau Yan vorlag, werde ich diesen Abschnitt lediglich zusammenfassend und unter Bezug auf den Vergleich mit dem Interview von

Herrn Nazar interpretieren: Wie es immer wieder in Frau Yans narrativer Darstellung zu sehen ist, findet sich hier folgende Abfolge in der Erzählung: Zunächst wird die zeitgeschichtliche Lage erläutert, dann ihre eigene Orientierung deutlich gemacht. Dieses Erzählmuster zeigt sich in den Zeilen 92 ff, in denen Frau Yan darauf hinweist, dass es Ende der 1980er Jahre nicht ungewöhnlich war, im Ausland zu promovieren. Sie reiht sich hier in ein nicht näher bezeichnetes Kollektiv von Studierenden ein und spricht davon, „auch gerne ... nach Ausland zu gehen" (101 f). Frau Yans Migration ist, das zeigt sich schon hier, durch das Interesse an einem Auslandsdoktorandenstudium motiviert, das vorzugsweise in den USA absolviert wird. Deutschland hatte sie zu jener Zeit nicht im Visier.

Im Gegensatz zu Herrn Nazar hat Frau Yan also bereits sehr früh – unmittelbar nach Studienabschluss – eine Migrationsmotivation. Dabei ist die Migration – und dies hat sie mit Herrn Nazar gemeinsam – allerdings kein Selbstzweck, sondern den Umständen geschuldet und (vorläufig noch) temporär angelegt. Ebenso wie es für Herrn Nazar nahe liegt, wegen der Eheschließung zu migrieren, ebenso liegt es aus Sicht von Frau Yan nahe, ihr Studium im Ausland fortzusetzen. Ist die Migration dort eine Folge der familienbiographischen Planung, so ist sie bei Frau Yan (zunächst) ein Teil der berufsbiographischen Zukunftsvorstellungen.

Frau Yan schildert nun zunächst die allgemeine, zeitgeschichtliche Lage, der gemäß sie drei Pflichtjahre absolvieren muss, um dann erst zu erzählen, dass sie nach dieser Zeit nach Stellen im Ausland gesucht hat. Auch hier ist es noch keine zielstrebige Suche nach Stellen in Deutschland, vielmehr kommt ihr dieses Land erst aufgrund eines Stellenangebots des „UKE" (Universitätsklinikum Eppendorf) in den Sinn. Es erscheint ihr schließlich sinnvoll, dieses Land zu nehmen, da sie so eine zweite Fremdsprache lernen könne. Auch hierin zeigt sich, dass die Migration nicht Selbstzweck ist, sondern Studien- und Karrierezielen dient.

Diese berufsbiographischen Überlegungen bleiben dagegen bei Herrn Nazar weitgehend ausgeklammert. Genauer gesagt wird die Einwilligung in die Migration und in die familienbiographische Zukunftsplanung erst dadurch möglich, dass Herr Nazar berufsbiographische Pläne hinten anstellt, d.h. von der Fortsetzung seiner Karriere als Arzt (zunächst) absieht.

Vergleich mit Frau Guzman-Berg

Während sich bei Frau Yan die familienbiographischen Aspekte der Migration erst später, nachdem sie promoviert wurde und Deutschland bereits wieder verlassen hat, dann aber in den USA von einem Deutschen schwanger wird, mit den berufsbiographischen Plänen mischen werden, findet sich bei Frau Guzman-Berg

bereits zu einem frühen Zeitpunkt diese Melange aus familien- und berufsbiographischen Erwägungen. Gemeinsam ist Frau Guzman-Berg und Frau Yan die
relativ frühe Absicht, zur Weiterqualifizierung ins Ausland zu gehen, die sie beide
von Herrn Nazar unterscheidet (11–34):

11	Guzman: Ja O. K. (.) °Also° mein Name ist Fabiola Guzman-Berg. (.) Ich komme aus
12	Brasilien, Rio de Janeiro (.) //mhm// (2) Ich habe in Brasilien (in) Jura studiert
13	(1) und dann habe ich die Staatsexam gemacht und hab als Anwältin gearbeitet
14	in São Paulo. (2) ((atmet ein)) Da- da war auch ich war auch äh Assistentin in
15	der Universität von Rio die (.) k- äh Ju- Jura-Universität (1), und dann gab es die
16	Möglichkeit (.) ein Studium in USA zu machen, (.) in amerikanisches Recht. (.)
17	Dann bin ich also war ich schon fertig (.) in Brasilien bin ich nach USA gegan-
18	gen, (.) das war ein kurze also kurze war sechs Wochen (1) oder sieben, weiß ich
19	nicht mehr. (1) Und dann haben wir die Kurs da gemacht und da hab ich meine
20	(.) jetzt Ehemann (.) kennengelernt, er ist Deutsche (.) und hat auch diese Kurs in
21	USA gemacht. (1) Nach dem Kurs bin ich zurück nach Brasilien gekommen, (2)
22	hab ich weiter gearbeitet als Anwältin da (.) ne, also ich bin Fachanwalt für
23	Steuerrecht (2) und da:nnt (.) dann haben wir immer Korrespondenz (2) ge-
24	tauscht und dann irgendwann ((atmet ein)) sollte ich nach Belgien kommen zu
25	ein (LEM) ne, is ein Masters for Jura. (1) //mhm// Und dann hat er gesagt nee
26	komm nach Deutschland nicht nach (.) Belgien. (.) //mhm// Dann habe ich mich
27	beworben, (1) also in Deutschland, for ein Job. (.) Weil ich konnte noch nichte
28	studiert in Deutschland ich konnte kein deutsche sprechen. (.) //ahm// ((atmet
29	ein)) Und dann hab ich den (.) Job (.) bekommen hier (.) bei Pricewaterhouse
30	Coopers, (.) //mhm// (2) genau so weil ich mit Steuerrecht gearbeitet //mhm
31	mhm// habe <u>damals</u> (.) und es ein (.) international Steuerrechtfirma hat ((atmet
32	ein)) gepasst damals (.) //mhm mhm// haben sie gesucht jemand die in Latein-
33	amerika war. (.) //ahm// Dann bin ich nach Deutschland gekommen mit mein
34	Arbeitsvisum schon direkt zu Arbeit.

Frau Guzman-Bergs Karriere beginnt nach ihrem Studium zunächst in Rio de
Janeiro. Erst als sie die „Möglichkeit" erhält, in den USA einen Kurs zu besuchen,
findet sie Interesse an einem Auslandsaufenthalt. Das heißt – und dies wird auch
in späteren Detaillierungen (Z. 205 ff u. 336 ff) deutlich –, dass sie nicht von vorneherein ein Migrationsinteresse hatte, sondern sich dies erst später einstellte. Primär war zunächst ihr Interesse am (Aufbau-)Studium, sekundär die Tatsache,
dass dies in den USA stattfinden sollte. So heißt es später in Z. 336 ff:

336	Guzman: und dann (.) war ich **au sehr glüchlich** mein mein Arbeit, also als Anwältin-in
337	Rio de Janeiro war auch (.) v-voll Energie und viel los, (.) also (.) das brauch ich

338   auch. (1) ((atmet ein)) Aber (1) irgendwie hab-i sagt <u>nee</u> ich will doch weiter
339   studieren (.) ne, (.) und dann hab ich diese Kurs in USA gemacht, (.) in di- (.) in
340   die Uni da, (.) //mhm// ne in amerikanisches Recht, (.) //mhm// und dann war ich
341   mich entschieden ich wollt sogar ein volles Jahr (jetzt doch) in Ausland (.) stu-
342   diert. (.) //mhm// Ne (.) nicht nur wegen mein Ehemann das ich da getroffen a-
343   aber (.) weil hat mir <u>gefallen</u> also (.) andre Jurasystem zu lernen un- ((atmet ein))
344   (in sehr) riesig Bibliotheks (.) zu <u>bleiben</u>, und <u>lesen</u>, weil in Brasilien gibt es
345   nicht ne, also sind <u>kleiner.</u>

Der Wunsch, im Ausland zu studieren, entsteht also erst im Zuge ihres ersten Auslandskurses in den USA. Und Frau Guzman-Berg betont hier zugleich, dass dieser Wunsch nicht ausschließlich durch ihre Liebe zu einem Deutschen begründet ist. Dies zeigt sich auch in der Eingangserzählung, in der Frau Guzman-Berg zwar erwähnt, ihren zukünftigen Ehemann während des Kurses in den USA kennen gelernt zu haben, in der aber zugleich zunächst die Kontinuität ihrer Berufskarriere in Brasilien dominiert.

Obwohl ihr Interesse also zunächst primär ein berufsbiographisches ist (dies wird ja auch in dem Hinweis auf die Möglichkeit, „andre Jurasystem" in den guten Bibliotheken kennen zu lernen, deutlich), vermischt es sich alsbald – aufgrund der von ihr ohne jede Abwägung oder Distanzierung übernommenen Perspektive des Freundes – mit familienbiographischen Planungen. Frau Guzman-Berg steuert nun, aus familienbiographischen Gründen, Deutschland an, ohne sich aber auf eine Existenz als Ehefrau einzulassen. Sie kalkuliert ihre beruflichen Chancen, sieht, dass ein Studium (zunächst) nicht möglich sein wird, und bewirbt sich dann (erfolgreich) um einen Arbeitsplatz in einer internationalen „Steuerrechtsfirma".

Hier zeigt sich mithin ein maximaler Kontrast zu Herrn Nazar, der sich ohne jede Erwägung von Karrierechancen vollständig auf die familienbiographischen Planungen eingelassen hat. Zugleich zeigen sich gewichtige Gemeinsamkeiten mit Frau Yan, die ebenfalls vor ihrer Auswanderung einen Arbeitsplatz suchte und diesen dann in Deutschland fand.

Zwischenfazit

Fasst man den bis hierhin angestellten Vergleich zwischen den drei Fällen zusammen, lässt sich folgendes sagen: *Gemeinsam* ist allen dreien erstens, dass sie eine Migration nicht voraussetzungslos und als Selbstzweck erwägen, und zweitens, dass sie nicht migrieren, um *aus*zuwandern, dass sie also nicht vor den Lebensverhältnissen in ihrem Herkunftsland flüchten. *Unterschiede* zeigen sich hinsichtlich des Verhältnisses von berufs- und familienbiographischen Aspekten in der Migration. Ist die Migration bei Herrn Nazar ausschließlich familienbiographisch motiviert, so ist sie bei Frau Yan (zunächst) ausschließlich berufsbiographisch indiziert. Bei Frau Guzman-Berg kombinieren sich recht frühzeitig familien- und berufsbiographische Pläne. Gemeinsam ist indes beiden Frauen, dass ihrer Einreise nach Deutschland die Suche nach einem Arbeitsplatz vorangeht und sich ihr erster Aufenthaltsstatus auch aus diesem Arbeitsplatz ergibt. Wichtig erscheint dabei, dass sich sowohl Frau Yan als auch Frau Guzman-Berg letztlich aufgrund familienbiographischer Erwägungen für Deutschland entscheiden (Herr Nazar sowieso), während sie berufsbiographische Pläne zunächst auch in andere Länder geführt haben. Dies wird noch weiter unten zu zeigen sein.

Dr. Nazar

Kommen wir zu Herrn Nazar zurück. Aus dessen Interview wird im Folgenden der an das oben abgedruckte Transkript unmittelbar anschließende Abschnitt wiedergegeben, der aus Platzgründen gekürzt wiedergegeben wird (377–451):

377 Nazar: Ähm (2)
378   dann (3) hab ich (.) bei Goethe-Institut angefangen zweimal (.) nee neun Monate
379   ungefähr (.) war ich bei Goethe-Institut. Die Grundstufe hab ich dort absolviert,
380   in der Türkei hatte ich gar kein deutsch gelernt, nur englisch //mhm// wie üblich.
381   (.) Ähm da:nn (2) war ich bei HSI also Hamburger Sprachinstitut hier //mhm// an
382   der Ecke. ((atmet kurz ein)) aber dann nachdem ich hier gekommen bin 92 war
383   ich in Verrein aktiv. Es gibt ein äh Verein der Mediziner aus der Türkei e. V., äh
384   erstmal einfach rumzugucken was läuft wie läuft, (.) äh ein Jahr hat das gedauert
385   ich war fast bei jedem Vorstandssitzung, da. Äh aber noch nicht Mitglied.
386   //mmh// Und dann 93 war ich Mitglied und dann ähm ja war so zehn Jahre lang
387   als als Schriftführer, vom Verein (.) tätig gewesen (1) und dann ähm (1) also 92
388   93 vo:n (.) 93:: bis 94 hab ich ä:m (.) AIDS-Beratungsstelle teils geleitet (2)
389   deswegen musste ich diese HSI äh aufhörn //mhm// den Sprachkurs, also Mittel-
390   stufe hab ich nich geschafft, kein Prüfung abgelegt. (.) Ä:hm (.) neun Monate
391   ungefähr hab ich äh (.) als Stellvertreter (und denn) ungefähr (.) Leiter von (1)
392   damalige AIDS-Beratungsstelle äh ähm übernommen, (2) ähm (2) dann (.) 94
393   (1) November hab ich hier in der Praxis angefangen //mhm// als äh AIPler so
394   ungefähr (.) und dann als Assistenzarzt nachdem mein Vorgänger äh ein Er-
395   mächtigung bekommen hat. (.) Und dann seit 99 äh (.) hab ich die Praxis über-
396   nommen; weil er aufhörn musste aus Altersgründen.
     [......]

441　Ähm ((atmet aus)) aber hier in der Praxis halt hab ich eigntlich kein Prob-
442　lem=überwiegend:: sind die Leute aus der Türkei. (1) Ich muss eher türkisch
443　sprechen, aber es gibt schon vie:le Jugendliche die eher deutsch bevorzugen
444　//mhm// (.) ä:h obwohl sie sogar viel schlechter sind in türkisch (1) ä:h (3) in in
445　Gespräch, kommen sie (.) öfters wieder (.) in ihre Muttersprache, na ja Mutter-
446　sprache (1) Muttersprache von ihrer Mutter sagen wir. also ihre Muttersprache is
447　(.) inzwischen deutsch //mhm// aber sie sprechen immer noch türkisch wie ge
448　sagt; obwohl sie schlecht sind . Für die Emotionen oder äh=ja Emotionen (.) ja.
449　Beinhaltet ja alles, in in ((atmet ein)) äh (.) äh (3) Wutsanfälle und so was also
450　dann müssen sie türkisch sprechen //mhm// so ungefähr. °hab ich Eindruck°.
451　((atmet ein)) Aber (.) hab ich doch kein Problem.

378–387　**Fortsetzung der Erzählung mit Hintergrundkonstruktionen: Be-
schreibungen (380 u. 383)**

Obgleich sich Herr Nazar zunächst nicht auf seine Karriere als Arzt
festlegt, wird in seiner unmittelbar auf die Einreise folgenden Immatri-
kulation in einen mehrmonatigen Deutschkurs im „Goethe-Institut",
der Absolvierung der „Grundstufe" und dem anschließenden Kurs im
„HSI" deutlich, dass er sich nicht ausschließlich auf die Familiengründung konzentriert, sondern sehr wohl auch die Voraussetzungen für
eine berufliche Karriere in Hamburg zu schaffen versucht. Welchen
Inhalt diese berufliche Karriere haben wird, bleibt jedoch zunächst
noch offen. Herr Nazar setzt nun an, von etwas zu erzählen, was dem
Sprachkurs entgegen stand („aber dann"), unterbricht dies aber, um
von seinen Aktivitäten im „Verein" zu berichten, die recht unmittelbar
nach der Einreise begonnen hatten. (Dass hier ohne weitere Erläuterung vom „Verein" die Rede ist, wird dadurch möglich, dass der Forscher Herrn Nazar eben über diesen Verein kennen gelernt hat.) Wie
Herr Nazar zum Verein gekommen ist, wird sich später auf Nachfrage
zeigen: Der Onkel hat ihn dort eingeführt. Nach einer Beobachtungs-
phase im Vorstand des Vereins wird er „Mitglied" und für die folgenden zehn Jahre „Schriftführer". Der Verein selbst ist eine Kombination aus beruflichem und ethnisch konnotiertem Netzwerk, wobei
Herr Nazar die Rechtsform („e. V.") hervorhebt. Obgleich er von seinem Onkel in diesen Verein vermittelt wird, handelt es sich hier also
nicht um eine Art verlängerte familiale bzw. verwandtschaftliche Beziehung, sondern um eine ethnische Berufsorganisation. (Dieser Bezug zu Organisationen ist für Herrn Nazar und seine Familie nicht
ungewöhnlich. Schon in seinen späten Grundschuljahren hat er Kon-

takt zu (politischen) Organisationen und setzt dies ganz offenbar über seinen ganzen Lebensweg hinweg fort.)

387–396   **Fortsetzung der Erzählung mit Hintergrundkonstruktion: Argumentation (396)**

Warum Herr Nazar im unmittelbaren Anschluss an die Schilderung seiner Vereinsaktivitäten von seiner Arbeitsaufnahme in der „AIDS-Beratungsstelle" erzählt, wird in der Passage zunächst noch nicht klar. Dass es hier einen Zusammenhang geben muss, wird mit dieser Sequentialität jedoch deutlich. Die Arbeit in der Beratungsstelle macht den Abbruch des Deutschkurses notwendig, kommt also, so könnte man sagen, auch für Herrn Nazar etwas unerwartet und verfrüht. Ohne ein Sprachdiplom wird er schließlich „Leiter" der Beratungsstelle. Dass er dann, wiederum ohne irgendeine Suche oder irgendwelche Schwierigkeiten darzustellen, von der Arbeitsaufnahme als „AIPler" in derjenigen Praxis, in der er das Interview gibt, erzählt, folgt demselben Muster. Es muss an dieser Stelle gefragt werden, wie es dazu kommt, dass Herr Nazar keinerlei Suche und keinerlei mit ihr verbundene Schwierigkeiten darstellt? Demselben Muster folgt dann die Weiterbeschäftigung als „Assistenzarzt" und schließlich die Praxisübernahme, die geradezu selbstverständlich und – „aus Altersgründen" – zwangsläufig erscheint. Die beruflichen Aspekte seiner Biographie werden im restlichen Teil der Eingangserzählung kaum noch erwähnt.

441–451   **Beschreibung**

Nachdem er – in den hier gekürzten Zeilen des Interviews – von seinen Kindern und seinen Sprachschwierigkeiten berichtet hat, geht Herr Nazar auf seine „Praxis" ein, in der sich keine Probleme mit der Sprache ergeben. Denn er hat vornehmlich Patient(inn)en „aus der Türkei", die, wenn sie schon nicht gut Türkisch sprechen, diese Sprache doch gerade für emotionale Inhalte benutzen. Deutlich wird hier, dass Herr Nazar keineswegs Schwierigkeiten hat, sich mit den Patienten, die eben kein Türkisch sprechen, auf Deutsch zu verständigen (wie auch das auf Deutsch geführte Interview zeigt), sondern dass er mit seinen Türkischkenntnissen darüber hinaus einem zentralen Bedürfnis seiner Patient(inn)en entgegen kommen kann. Die Sprache ist hier also kulturelles Kapital und nicht seine Grenze. Noch weitergehend könnte man sagen: Die Herkunftssprache führt in einem Arbeitsfeld, das von Menschen des Herkunftslandes geprägt ist, zur Aufwertung des kulturellen Kapitals.

Vergleich mit Frau Guzman-Berg

Der Vergleich zwischen Herrn Nazar und Frau Guzman-Berg bietet sich an, da beide Fälle gewisse Gemeinsamkeiten, aber auch klare Unterschiede aufweisen. Gemeinsam ist beiden, dass ihre Migration nach Deutschland unter familienbiographischen Vorzeichen steht. Zeigen sich innerhalb dieser Gemeinsamkeit schon Unterschiede, insofern Herr Nazar erst durch eine zwischengeschlechtliche Beziehung zur Migration motiviert wird, während Frau Guzman-Berg bereits migrationswillig war und nur ihre Entscheidung für Deutschland durch die Partnerschaft mit einem Deutschen bedingt war, so werden hinsichtlich der berufsbiographischen Aspekte der Migration noch schärfere Kontraste deutlich, wie eine Passage aus dem Transkript von Frau Guzman-Berg zeigt (23–48):

23	Guzman:	(2) und da:nnt (.)

24 dann haben wir immer Korrespondenz (2) getauscht und dann irgendwann ((at-
25 met ein)) sollte ich nach Belgien kommen zu ein (LEM) ne, is ein Masters for
26 Jura. (1) //mhm// Und dann hat er gesagt nee komm nach Deutschland nicht nach
27 (.) Belgien. (.) //mhm// Dann habe ich mich beworben, (1) also in Deutschland,
28 for ein Job. (.) Weil ich konnte noch nichte studiert in Deutschland ich konnte
29 kein deutsche sprechen. (.) //ahm// ((atmet ein)) Und dann hab ich den (.) Job (.)
30 bekommen hier (.) bei Pricewaterhouse Coopers, (.) //mhm// (2) genau so weil
31 ich mit Steuerrecht gearbeitet //mhm mhm// habe damal (.) und es ein (.) interna-
32 tional Steuerrechtfirma hat ((atmet ein)) gepasst damals (.) //mhm mhm// haben
33 sie gesucht jemand die in Lateinamerika war. (.) //ahm// Dann bin ich nach
34 Deutschland gekommen mit mein Arbeitsvisum schon direkt zu Arbeit. ((atmet
35 ein)) Und dann das erste Problem war, ich konnte kein deutsch sprechen.
36 //mhm// Und wenn man (.) angekommen is dann muss schon (.) in 3 Tage An-
37 meldung machen und dann zu Ausländerbehörd mit die Anmeldungbestätigung
38 gehen //mhm// und (.) //ahm// ((atmet ein)) und dann ((atmet aus)) (z- in) mein
39 Fall noch zu Arbeitsamt wegen die Arbeitserlaubnis, (1) also das war (.) echt
40 kompliziert, ich konnt kein deutsch sprechen und die Behörde auch kein eng
41 lisch. (.) Und dann setzen 2 Personen die keine (.) gemeinsam Sprache haben
42 ((räuspert sich)) (.) zusammen und (   ) nichts ne, ((atmet ein)) Da
43 hab ich zuerst allein versucht konnte ich nich und da hab ich mei- mein Ehemann
44 mann (.) damals mein Freund dann (.) gebittet dass er z- mit mit mir (.) geht und

45   (.) alles übersetze wei es gings nix andres //mhm mhm// (2) Dann (.) dann war
46   ich in Deutschland dann fing ich nach 12 Tage zu arbeiten und Sprachkurs (.) zu
47   machen, 3 Stunde pro Tag Sprachkurs, und, (.) dann (.) also 8 Stunde Arbeit (.)
48   pro Tag. (3)

Dass die Intensivierung der Beziehung zu dem Deutschen und die erfolgreiche Be-
werbung um einen Master-Studiengang in Belgien nur in zeitlichen, nicht aber in
kausalem Zusammenhang stehen, wird durch die Verknüpfung „und dann" markiert. Nachdem Frau Guzman-Berg sich dann aber – aus familienbiographischen
Gründen – auf Deutschland eingelassen hat, betont sie wieder ihre berufsbiographische Perspektive. Ganz im Gegensatz zu Herrn Nazar, der vorab der Migration
seine berufsbiographischen Planungen darauf beschränkt, für alle möglichen Be-
schäftigungen offen zu bleiben, geht Frau Guzman-Berg strategisch vor. Sie findet
einen Arbeitgeber, der sie als Expertin für „Lateinamerika" beschäftigt. Während
Herr Nazar direkt zur Familie kam, kam sie „direkt zu Arbeit". Dabei stützt sie
sich keinesfalls auf ethnische Netzwerke, wohl aber auf eine Art ethnische Ökonomie, insofern sie als Spezialistin für ihre Herkunftsregion arbeitet. Auch eine
(quasi-)familiale Unterstützung findet (und sucht) sie nicht, wie sich besonders in
ihren Schwierigkeiten auf dem „Arbeitsamt" dokumentiert. Die dominant-strate-
gische Vorgehensweise zeigt sich dann auch im schnell begonnenen Besuch eines
„Sprachkurses", den sie zusätzlich zur Arbeit zu bewältigen hatte. Demgegenüber
hat Herr Nazar erst mehrere Wochen Spaziergänge in Hamburg gemacht, bevor er
den Deutschkurs begann.

Fragt man sich nach den Hintergründen dieser maximalen Kontraste, so sind
zwei Punkte zu nennen. Biographisch gesehen war Herr Nazar vor der Migration hinsichtlich seines Berufs in einer Phase, in der keine Euphorie mehr zu
spüren war, wohl aber berufliche Zwänge sichtbar wurden. Insgesamt wird bei
Herrn Nazar für jene Zeit kaum Begeisterung oder auch nur Freude an seinem
Beruf deutlich. Er erfüllt hier vor allem seine Pflicht. Demgegenüber befindet
sich Frau Guzman-Berg eher in einer Phase berufsbiographischer Ambitionen,
Karriereinteressen und hoher Motivation. Während Herr Nazar seiner zukünftigen Frau in einer beruflichen Time-Out-Phase näher kommt, freundete sich
Frau Guzman-Berg mit einem deutschen Mann während einer beruflichen Fort-
bildung an.

Zweitens ist hier aber auch die Rolle des ethnisch-familialen Netzwerks zu
beachten, auf das sich Herr Nazar von vornherein (noch vor seiner Migration)
stützen kann (ohne dies intendiert zu haben), das Frau Guzman-Berg dagegen
vollständig fehlt (ohne es zu vermissen). Die berufsstrategische Vorgehensweise
jenseits ethnischer Netzwerke von Frau Guzman-Berg macht Fremdheitserfahrungen möglich, die bei Herrn Nazar so gar nicht aufgekommen sind (48–73):

48 Guzman: (3) Also, (.) was finde fande ich denn schwer in Deutschland? Zuerst also
49   was ein Fehler (.) von meiner Seite war ich bin nach Deutschland in November
50   umgezogen. //mhm// Das sollt man nie machen @(   )@
51   //mhhhm// ((atmet ein)) Es k-hat nur geregnet und //mhhhm// war dunkler //ah//
52   und kalt und ich kam aus sonnige Brasilien //mhm// das war ein furchtbar Erfah-
53   rung //mhm mhm// (.) also. Wenn ich heute umziehen würde würd ich in Juli o
54   der August machen //mhm mhm//das (.) das würd schon einfacher sein. //mhm
55   mhm// (2) Dann wars auch schon die erste Problem muss ich Klamotte kaufen
56   weil mein Klamotten waren nich (.) also warm (.) genug. //mhm mhm mhm// (3)
57   Was noch damals war? (2) Dann fängt also alles an ne also in die profizionelle
58   Ebene fing ich schon die (Firma) an, zum Gluck hat a- eigentlich besser gelaufen
59   weil is eine internationale Firma //mhm// gibt es auch andere internationale Mit-
60   arbeiter, (.) //mhm mhm// das is nich so schlimm.(1) ((atmet ein)) Ging es doch.
61   ((atmet ein)) Aber mit de deutsche Mitarbeiter (.) hab ich ein Problem geha=bt
62   (.) also später konnte ich das analysieren eigentlich ne, (.)//mhm// ich komm und
63   konnte nur englisch sprechen //mhm// hab ich auch erwartet dass de Deutsch (.)
64   da- dass die Leute in Deutschland konnte au sehr gut englisch sprechen. (.)
65   //mhm// (1) Und das war eigentlich nich so. (.) //mhm// (1) U- und viele die ei-
66   gentlich (.) also m- mittel englisch sprechen könnte (1) waren einfach schuchtern
67   das zu sprechen, (.) und haben einfach sich ausgeschlossen, haben mit mir gar
68   nicht gesprochen. //mhm// Und for misch am Anfang weiß man nicht was es be-
69   deutet war einfach irgendwie (.) komisch also (.) diese (Wirkungen) so so (.) bin
70   ich da und Leute sprechen einfach nicht mit mir, ignoriern ne, sogar //mhm//
71   nicht Guten Tag weils (.) einfach ein fremde (.) Person da die= (.) mi- mit wem
72   ich nicht kommunizieren könn, ich glaube das //mhm// war der Gedanke von von
73   die Kollegen damals. //mhm mhm// (2)

Deutschland erscheint hier in zweierlei Hinsicht als ‚kaltes' Land: Das Wetter ist
„kalt", die Sonne fehlt und es hat „nur geregnet"; und die „deutschen Mitarbeiter" ihrer Firma sind ihr gegenüber abweisend, vermeiden Kommunikation. Allerdings lässt sich Frau Guzman-Berg (zumindest im Nachhinein) von diesen
Fremdheitserfahrungen nicht allzu sehr beeindrucken. Die meteorologische Kälte
in Deutschland interpretiert sie zu einem „Fehler" ihrerseits um und verweist darauf, dass ihr eben die warmen „Klamotten" und die Einsicht, im Juli nach Hamburg zu ziehen, gefehlt hätten. Und ihre negativen Erfahrungen mit den deutschen
Mitarbeitern bezieht sie – obwohl dies die Kontrastierung mit den „internationalen Mitarbeitern" nahe legt – nicht auf deren Kultur. Vielmehr gelingt es ihr, deren
Verhalten als Folge mangelnder Englischkenntnisse zu „analysieren". Auf diese
Weise kann sie ihre eigene Fremdheitserfahrung als Missverständnis interpretieren, ohne sich Gedanken über das ‚Wesen' der Deutschen und deren – möglicher-

weise ablehnende – Haltung ihr gegenüber machen zu müssen. Insofern löst Frau Guzman-Berg beide Fremdheitserfahrungen auf eine recht pragmatische Weise.

Vergleich mit Frau Yan

Schon weiter oben habe ich gezeigt, dass Frau Yans Migration (zunächst) deutlich berufsbiographisch gerahmt ist. Dieser berufliche Aspekt dominiert schließlich so sehr, dass das Land, in dem sie lebt, eine letztlich untergeordnete Rolle spielt. Am Ende ihrer Promotion überlegt sich Frau Yan, für die Post-doc-Phase in die USA zu gehen (258–272):

258 Yan:	Das heißt, 94 denn zu Doktorar- arbeit angefangen
259	für meine Forschung. 98 mit meiner Doktorarbeit war bei UKE fertig. //mhm//
260	Mündliche Prüfung, Verteidigung gemacht. Das war 98. //mhm// Die letzte Jahr
261	das war ich arbeite schon bei (BEFAM). //mhm mhm// (BEFAM) arbeiten bis zu
262	2000. (2) Ja (.) 2001. 2000 bis 2000. Und in 1999, ein Jahr vorher ich habe mich
263	nach USA mich beworben. Ich werde gerne auch nach äh post-doc, sch- post-
264	doc nach USA zu gehen, //mhm mhm// und ich habe mich beworben in USA. (.)
265	Ja das war eine (NRC) National Research Concern. Das ist eine Privat-
266	Organization. Sie werde in in dieses Jahr jedes Jahr für ganze Welt werde für die
267	Leute, die gerade Phd fertig werden, die Leute Kandidaten suchen.//mhm// Von
268	tausend sie wählen vielleicht zweihundert, //mhm// das heißt world (competati-
269	on). Sie suchen Leute und dann ja zusätzlich bin dabei. @(.)@ Und ja, ich bin
270	denn 2000 Februar ich bin nach USA gegangen. //mhm mhm//. Ich hab dort zwei
273	Jahre gearbeitet. Hätte ich noch drei Jahre noch (.) äh hätte ich noch drei Jahre
272	verlangern könnte. //mhm mhm// (Und) dann kann man fünf Jahre dort machen.

Frau Yan resümiert hier zunächst ihre Promotionsphase, um dann ihre Suche nach einer Post-doc-Stelle in den USA zu schildern. Es zeigt sich hier, dass die USA nicht primär als Einwanderungsland, sondern vor allem als geeignetes Land für eine bestimmte Phase der Berufskarriere ausgewählt werden. Wie sie schon zuvor Deutschland aufgrund beruflicher Kriterien (Erlernen einer zweiten Fremdsprache) ausgewählt hat (wobei diese Begründung auch für jedes andere nicht anglophone Land gegolten hätte), fällt nun die Wahl auf die USA (wobei deren Offenheit „für ganze Welt" sicherlich nicht unwichtig ist). Frau Yan gelingt es, sich in der „world competition" durchzusetzen, und arbeitet „zwei Jahre" lang in den USA.

Frau Yan, so ist anzunehmen, wäre bei gleichbleibend opportunen Berufsbedingungen sicherlich in den USA geblieben, wenn sich ihre Beziehung zu ihrem

„deutschen Freund" (274) nicht intensiviert, sie geheiratet und ein „Kinde" (275) bekommen hätten. So aber bringt sie in den USA ein Kind zur Welt, hat „nur drei Wochen" (287) Mutterschaftsurlaub und muss schon wieder arbeiten. Dies wird ein wichtiger Beweggrund werden, nach Hamburg zu ziehen, wie Frau Yan auf Nachfragen deutlich macht (311–337):

311 Yan: Ja, wei- wei- weil ich habe in USA viel gearbeitet. (   ) Kinde
312   dass es jeden Tag auch zur Tagesmutter äh eigentlich die Kinde gekümmert und
313   ich arbeite (2) zehn Stunden. Sehr sehr früh Kinde zu dieser Familie Betreuung-
314   familie hingebra=cht. //mhm// Und denn wieder zurück. Denn alles alleine mit
315   kleine Baby. //mhm// Aber natürlich meine Mutter hat geholfen, aber nur für (.)
316   drei Monate. Dann kommt der 11. September //mhm// und denn meine Mutter
317   hat Angst //mhm// und ich (will) nicht meine Mutter A:ngst hat auch äh wegen
318   wegen wegen für mich, nh. //mhm mhm// Weil meine Mutter auch schon auch
319   nicht so jung. //mhm mhm//. Ich habe gesagt dann, ich schaff das. Sie kann ge-
320   hen. //„mhm"//Aber deswegen ich habe so gedacht äh alleine mit kleine Baby
321   ich kann eine gewisse Zeit machen. Ich kann nicht so lange noch ein Jahr ma-
322   chen. //mhm mhm// Deswegen ich habe meine Forschung meine Projekt eigent-
323   lich bis 2002 März (.) und ich habe alles Experimente bis Dezember fertig, ich
324   bin trotzdem Dezember zu eine Kongress gegangen. Zu Washington D.C. ((zieht
325   kurz die Luft durch die Nase)) //mhm// Ist meine Baby bei diese Familie, Be-
326   treuungfamilie vier Tage gelassen, //mhm// (2) weil ich muss zu Kongress gehen
327   ((zieht kurz die Luft durch die Nase)) und äh da ich habe meine USA, der Chef
328   hat mir (   ) sehr nett, die die Leute war so nett. Sehr sehr nett zu mir, auch ver-
329   standen. Deswegen ja ich bin ein bißchen früher nach Deutschland zurückge-
330   kommen. //mhm mhm// Das heißt eh ich habe drei Monate vorher schon zurück
331   gekehrt in normale Projekt nicht weiter verlangen noch drei Monate ein bißchen
332   verkürzt. ((holt tief Luft durch den Mund)) Dafür ich arbeite in Deutschland,
333   schreibe die Paper //mhm// für meine Zeit ich habe zugesagt. Ich arbeite in
334   Deutschland Paper zu schreiben. Aber (.) (   ) in USA normalerweise
335   kann ich dort alles fertig machen, //mhm mhm// aber ich arbeite zu Hause in
336   Deutschland //mhm mhm// und sie haben auch akzeptiert. Auch (
337   ) //mhm// (4)

Als die Mutter ihr nicht mehr bei der Betreuung des „Babys" helfen kann, ent-schließt sich Frau Yan zunächst, alleine mit dem Baby unter Zuhilfenahme einer „Betreuungsfamilie" zu bleiben. Sie verkürzt dann aber die geplante Projektlauf-zeit, um früher mit ihrem Kind nach Hamburg, zu ihrem Mann, zu ziehen. Ein herausgehobener Moment war hier offenbar ein „Kongress"-Besuch, bei dem sie ihr Kind „vier Tage" in der Obhut von fremden Menschen lassen musste. Der

„Chef" willigte daraufhin ein, ihre Präsenzzeit in den USA um „drei Monate" zu verkürzen. Nicht die Migration an sich, aber die Wahl des Migrationsortes ist hier also familienbiographisch gerahmt. Um ihrem Kind mehr Zeit widmen zu können, zieht Frau Yan schließlich nach Hamburg, wo sie nach einer gewissen Zeit wieder eine Stelle im UKE findet.

Es ist hoch interessant, dass bei diesen und allen vorangegangenen Bewerbungen weder von Dr. Yan noch von ihren Arbeitgebern irgendwelche Probleme hinsichtlich ihres akademischen Wissens und Könnens sowie dessen internationaler Transferierbarkeit gesehen werden. Auf eine erzählgenerierende Nachfrage der Interviewerin zur ersten Zeit in Deutschland antwortet Frau Yan der erstaunten Forscherin Folgendes (163–203):

163	Y1:	Äh können Sie denn noch ein bißchen genauer erzählen, wie das war, als Sie da
164		ankamen
165	Yan:	⌊ Ja meine, ja meine
166	Y1:	⌊ in Deutschland
167	Yan:	Ja, 94 in Deutschland gekommen. Ja Anfang war <u>leicht</u> gedacht. Ich kann noch
168		eine andere Sprache zu lernen. ( ) leicht. Ich habe wirklich ohne äh
169		ohne Hintergrund, keine einzige Wort, kein einzige deutsche Wort verstanden.
170		Oder ABC, ich hab gar nix
171	Y1:	Aber Sie konnten schon Englisch?
172	Yan:	Ich konnte, na @klar@, ich konnte Englisch.
173	Y1:	<u>Schul-Englisch?</u>
174	Yan:	Ja, ja. Und dann, (2) ((zieht geräuschvoll die Luft durch die Nase)) oder nach
175		Deutschland gekommen für <u>Forschung</u> eigentlich für mich <u>arbeiten</u> ( ) gleiche,
176		weil wir haben die gleiche <u>Sprache</u>, gleiche Methode //mhm// (weil in China
177		das) ich arbeite hier <u>sehr</u> gute Institut in Shanghai. //mhm// Die <u>Geräte</u>, ich hab
178		schon alles neu ( ). Das heißt <u>Forschung</u>, **Arbeit** ist gleich, die <u>Sprache</u> ist
179		gleiche.
180	Y1:	Die Sprache ist gleiche? Wie meinen Sie das? Die <u>Arbeitssprache</u> war Englisch
181		in Shanghai?
182	Yan:	Ja, ja. <u>Nein.</u> (.) Das nicht. Arbeitssprache eigentlich ich meine,
183	Y1:	die Begriffe?
184	Yan:	⌊Communication, das ist, na klar in Muttersprache, aber ich meine die
185		<u>Method</u> //mhm, ja!// Was (sie) <u>arbeiten.</u>
186	Y1:	Die Methode.
187	Yan:	Die Methode. Das heißt, du kannst, na klar, auf Chinesisch übersetzen, Deutsch
188		übersetzen, die Methode alle sind das glei:che. //mhm, mhm// Wenn wir, das
189		heißt, wir sprechen mit der Kollege, na klar, ich sprache English, //mhm// aber
190		die Methode alle sind die gleiche. //mhm// Das ( ) sehr leicht mit Kollege zu

191		Communication, //mhm mhm//zu (.)
192	Y1:	kommunizieren.
193	Yan:	Ja, kommunizieren. Das heißt, die Paper wir lesen Forschungsbriefe, denn die
194		Projekte, //mhm// (wie) das machen, das ist für mich leicht, aber arbeiten für
195		mich leicht //mhm//. Und dann eigentlich Sprache dort, deutsche Sprache sehr
196		schwer @Sprache@ //@(.)@// Besonders Deutschland auch was anderes. Man
197		muss Termin machen, wenn man zu Arzt geht. Ja, China ist nicht, du kannst zu
198		Krankenhaus gehen, zu melden. Deutschland muss erst mal telefonieren, Ter-
199		min machen //@(.)@//. Das @auch neu@. Das ist alles neu. //mhm// Das
200		braucht alles Sprache. Ich finde dass ich bin sehr abhängig von meine Kollege.
201		Eine (MTA) sie muss immer mir helfen. Mit mir zur Ausländerbehörde gehen,
202		zur Bank gehen, zu Meldestelle gehen, egal wo. ( ) in Deutsch-
203		land nicht funktioniert.

Frau Yan hebt zu Beginn dieses Abschnittes ihren (weiter oben bereits erwähnten) Wunsch, „noch eine andere Sprache zu lernen", hervor. Die Nachfrage der
Interviewerin nach ihren Englischkenntnissen führt dann zu einer Erörterung
der Arbeitsplatzsituation. Es dokumentiert sich in Frau Yans Schilderung, dass
sie zwar – im Gegensatz zu ihrem alten Arbeitsplatz in Shanghai – in der Fremdsprache Englisch kommunizieren muss, dass dies aber kein Problem darstellte, da
„die Methode alle sind die gleiche". Die Übersetzung ins Deutsche, Chinesische
oder Englische scheint im Rahmen der Arbeit völlig unproblematisch. Wichtig
ist nämlich die Art und Weise des Arbeitens als Biochemikerin, d. h. die dortigen
naturwissenschaftlichen Methoden, wie Frau Yan am Beispiel der „Forschungs-
briefe" deutlich macht. Sprachprobleme im engeren Sinne nimmt sie demgegenüber außerhalb des Arbeitsplatzes, in der „Ausländerbehörde" und an anderen
Orten wahr.

Es zeigt sich hier, dass Frau Yan über ein weitgehend transnationalisiertes kulturelles Kapital verfügt, soweit dies ihre berufliche Qualifikation angeht. Dieses
kulturelle Kapital lässt sich ohne weitere Mühen in die jeweiligen Landessprachen
übertragen, da es hierbei seine Struktur nicht verändert. Die Art und Weise, wie
geforscht wird (d. h. die Praktiken im Labor), ist in Shanghai und Hamburg dieselbe. Demgegenüber ist die Struktur, in der in Deutschland z. B. gesundheitli-
che Probleme gelöst werden, eine völlig andere, da man hier vor dem Arztbesuch
einen „Termin" machen muss. Hier, im außerberuflichen Bereich, zeigen sich also
Grenzen in der transnationalen Übertragbarkeit von Wissen und Können.

Vergleich mit Frau Guzman-Berg

Obgleich bislang stets Herr Nazar als maximaler Kontrast zu Frau Yan fungiert hat, verhält es sich in Bezug auf die Übertragbarkeit kulturellen Kapitals anders: den maximalen Kontrast bildet dabei Frau Guzman-Berg. Obwohl diese ihr Interesse für fremde Rechtssysteme mit ihrem Kurs in den USA und dem angestrebten Studium in Belgien deutlich gemacht hat, findet sie in Deutschland Arbeit als Expertin für ihr eigenes bzw. das lateinamerikanische Rechtssystem (s. o.). Mithin ist ihr kulturelles Kapital einerseits gerade dadurch wertvoll, dass es auf die Herkunftsregion bezogen und begrenzt ist. Andererseits kommt hier aber noch der Faktor der Übersetzungsleistungen hinzu, der Frau Guzman-Bergs Arbeit auszeichnet: Schließlich muss sie den deutschen Mandant(inn)en die lateinamerikanischen Steuersysteme erklären.

Wir haben es hier also mit einem beruflichen kulturellen Kapital zu tun, das in seinen zentralen Bestandteilen an die Herkunftsregion gebunden und auf sie begrenzt ist, das aber dennoch im deutschen Arbeitsmarkt verwertet werden kann, soweit – wie dies bei Frau Guzman-Berg der Fall ist – hierzu eine ergänzende Komponente kulturellen Kapitals, nämlich die interkulturelle Vermittlungskompetenz, hinzu kommt.

Vergleich mit Herrn Nazar

Zwar hatte ich weiter oben davon gesprochen, dass Dr. Nazars Arbeitsmarktintegration unter anderem im Rahmen ethnischer Ökonomie (genauer: in Bezug auf türkischstämmige Patient(inn)en zu sehen ist. Doch ist dies nur ein Aspekt. Insofern Dr. Nazar in seinem ganzen Interview keinerlei Anhaltspunkte dafür liefert, dass er mit dem Transfer seines in der Türkei erworbenen medizinischen Wissens nach Hamburg irgendwelche Schwierigkeiten gehabt hätte – letztlich wird ihm ja auch staatlicherseits die berufliche Anerkennung ohne weiteres gewährt –, lässt sich hier von einer Mischung aus transnationalem kulturellen Kapital, wie wir es schon bei Frau Yan vorgefunden haben (bei Dr. Nazar: naturwissenschaftlich-medizinisches Wissen), und herkunftsbezogenem kulturellem Kapital sprechen. Sein transnationales kulturelles Kapital setzt Dr. Nazar innerhalb einer auf den Absatzmarkt (die Patienten) beschränkten ethnischen Ökonomie ein, in der sein herkunftsbezogenes kulturelles Kapital (Sozialformen in der Türkei) besonders zum Tragen kommt.

Ansätze zur mehrdimensionalen sinngenetischen Typenbildung

Im dem Vergleich zwischen den drei Fällen scheinen zunächst zwei Aspekte der Fälle sehr deutlich auf: die Orientierungen, die zur Migration führen („Migrationsmotive"), und unterschiedliche Wege, das ausländische akademische Wissen und Können auf dem Arbeitsmarkt als kulturelles Kapital zu verwerten. Der Vergleich erlaubt noch keine Typenbildung, bietet aber erste Hinweise darauf, wie eine solche (hier noch zunächst sinngenetische, mehrdimensionale) Typenbildung aussehen könnte. Um das Typische besonders herauszustellen, bündelte ich meine Überlegungen dazu in der folgenden Tabelle (Tabelle 2).

Ein weiterer Aspekt, der in der vergleichenden Interpretation zwar schon enthalten war, uns erst aber später aufgefallen ist, umfasst jene Orientierungen, die zum Verbleib im Einwanderungsland führten. Wie anhand des Vergleichs von Frau Yan und Herrn Nazar deutlich wird, macht es einen Unterschied, ob man mit einem familienbiographischen Motiv nach Deutschland einwandert oder sich aufgrund einer Familiengründung später erst entschließt, in Deutschland zu bleiben. Diese hier schon angelegte, aber erst im Zuge weiterer Fallvergleiche von Ulrike

Tab. 2   Fälle und ihre Dimensionen

Dimension/Fall	Fr. Yan	Hr. Nazar	Fr. Guzman-Berg
Kulturelles Kapital und ökonomisches Feld	keinerlei ethnische Ökonomie	Ethnische Ökonomie	
		bzgl. des Absatzmarktes (Patienten)	bzgl. des Produktes (Wissen über lateinamerikanische Steuersysteme)
		Bestimmte Bestandteile kulturellen Kapitals sind national gebunden (Sozialformen in der Türkei)	Bestimmte Bestandteile kulturellen Kapitals sind regional gebunden (Wissen über lateinamerikanische Rechtssysteme)
	Transnationales kulturelles Kapital (naturwissenschaftliches Wissen)		Interkulturelle Vermittlungskompetenz
Form der Arbeitsplatzsuche	Strategische Arbeitsplatzsuche vom Herkunftsland aus	Nicht-intendierte Arbeitsmarktintegration durch ethnisches Netzwerk	Strategische Arbeitsplatzsuche vom Herkunftsland aus
Anlass der Migration	Qualifikations-/Berufsmigration	Heiratsmigration	Qualifikations-/Berufs-/Heiratsmigration

Ofner ausgearbeitete Unterscheidung zwischen Migrations- und Bleibemotiven führte uns dann auch dazu, der Phasenhaftigkeit des Migrationsverlaufs und der Arbeitsmarktinklusion stärkere Aufmerksamkeit zu schenken. Denn die Frage, ob es sich bei einer biographischen Orientierung um ein Migrations- oder um ein Bleibemotiv handelt, hat mit ihrer zeitlichen Positionierung innerhalb des phasenhaften Ablaufs der Migration zu tun. Wir unterschieden daher die Prämigrations- von der Transitions-, Start- und Konsolidierungsphase (vgl. dazu detailliert: Thomsen 2009).

Nach dem oben geschilderten Fallvergleich stellten sich aber auch noch andere Fragen:

1. Inwiefern sind die hier identifizierten fallspezifischen Kombinationen von kulturellem Kapital, Arbeitsplatzsuche und Anlass der Migration für die jeweiligen Berufsgruppen (Naturwissenschaft, Arzt, Rechtsanwalt) spezifisch? – Zur Beantwortung dieser Frage waren Vergleichsfälle in den jeweiligen Berufsgruppen zu suchen.
2. Welche Dimensionen über die genannten hinaus gibt es? – Hierzu war insbesondere auf Geschlecht, Visibilität, Familienhintergrund und Sprache zu achten.
3. Gibt es innerhalb der genannten Dimensionen weitere Ausprägungen?
   a) Gibt es weitere Motive für Migration (z. B. Migration als Selbstzweck, Flucht etc.)?
   b) Gibt es weitere Formen der Arbeitsplatzsuche (z. B. strategische Arbeitsplatzsuche nach der Ankunft in Deutschland, intendierte Nutzung ethnischer Netzwerke etc.)?
   c) Gibt es weitere Ausprägungen im Bereich der Nutzung von Wissen und Können?

Nicht alle der genannten Fragestellungen wurden in den anschließenden Fallvergleichen tatsächlich weiterverfolgt. So erwies sich die Unterscheidung zwischen einer strategischen und einer nicht-intendierten Arbeitsmarktinklusion als weniger wichtig als anhand des ersten Fallvergleichs angenommen. Auch war es nicht möglich, eine Typenbildung in Bezug auf Erfahrungen hinsichtlich des sozialen Geschlechts voranzutreiben. Demgegenüber wurden – nach Abschluss einer ersten relationalen Typenbildung und unter Einbezug der Fälle anderer Teilprojekte – die Bedeutung von symbolischer Exklusion (vgl. Ofner 2011) und von Sprache (vgl. Henkelmann 2012) in typisierender Weise herausgearbeitet.

Typisierung von Relationen typischer Orientierungen

Die mehrdimensionale sinngenetische Typenbildung, die ich oben anhand eines ersten Fallvergleichs begonnen habe, konstituiert nur den ersten Schritt einer relationalen Typenbildung: Sie zeigt, wie sich die betroffenen Personen in unterschiedlichen Erfahrungsdimensionen in typischer Weise orientieren. Wie deutlich wurde, haben wir in der vergleichenden Interpretation vorläufig drei Dimensionen identifiziert, die für die Lebensgeschichten der hochqualifizierten Migrant(inn)en von großer Bedeutung zu sein scheinen: (1) die Formen der Verwertung von Wissen und Können auf dem Arbeitsmarkt, (2) die Migrationsmotive[25] und (3) die zeitliche Abfolge der Phasen des Übergangs in das neue Land mit seinem Arbeitsmarkt (siehe hierzu Nohl et al. 2007, S. 11–157). In einem zweiten Schritt muss nun untersucht werden, ob und wie die unterschiedlich dimensionierten Orientierungen miteinander fallübergreifend zusammenhängen, um auf diese Weise die Relationen typischer Orientierungen typisieren zu können.

Wie ich weiter oben betont habe, werden schon im rekonstruktiven Fallvergleich die Orientierungen in unterschiedlichen Dimensionen nicht getrennt voneinander interpretiert, sondern in ihrem Zusammenhang innerhalb eines jeden Falles. Der erste Schritt der relationalen Typenbildung beinhaltet also – neben der mehrdimensionalen sinngenetischen Typenbildung – auch eine Rekonstruktion fallspezifischer Relationen von unterschiedlich dimensionierten Orientierungen. An diese Vorarbeit kann nun die Typisierung dieser Relationen anknüpfen.

Die Identifizierung fallübergreifender Relationen von unterschiedlich dimensionierten Orientierungen ist nur dann möglich, wenn den entsprechenden Zusammenhängen in jedem einzelnen Fall nachgespürt wird. Um bei diesem Arbeitsschritt nicht in eine Einzelfallrekonstruktion zurückzufallen, bietet es sich an, die Ergebnisse in einer übersichtlichen Tabelle vorläufig festzuhalten. In einer solchen Tabelle soll nun nicht mehr (wie in Tabelle 2) gezeigt werden, wie unterschiedliche Aspekte bzw. Dimensionen (als Zeilen der Tabelle) quer zu den einzelnen Fällen (die als Spalten abgebildet werden) liegen. Vielmehr können nun die unterschiedlichen Orientierungen in zwei oder mehr Dimensionen die Zeilen- wie auch die Spaltenüberschriften der Tabelle ausmachen. In der folgenden Tabelle wurden die Formen der Verwertung von ausländischem Wissen und Können in den Zeilenüberschriften notiert, während die Phasen des Migrationsverlaufs

---

25 Mit Absicht spreche ich hier empirienah von Motiven, da es sich zum Teil um explizite Migrationsmotive mit einem Entwurfscharakter handelt, zum anderen Teil aber auch um im Handeln implizite, diesem unterliegende Orientierungen. Zur Unterscheidung von Handlungsentwürfen (Orientierungsschemata) und Orientierungsrahmen des Handelns siehe Bohnsack 1997.

und der Arbeitsmarktinklusion in den Spalten verzeichnet sind. In den einzelnen Feldern wurden dann die Fälle, die Migrations- und Bleibemotive aufgeführt (siehe Tabelle 3).[26]

In einer derartigen tabellarischen Übersicht, wie sie hier nur als Beispiel abgedruckt wird, kann man solchen Relationen zwischen typischen Orientierungen unterschiedlicher Dimensionen nachspüren, die fallübergreifend sind. Hierbei muss stets beachtet werden, dass die gesuchten Relationen sinnhafte Zusammenhänge darstellen, dass also zugleich rekonstruiert wird, inwiefern die entsprechenden Orientierungen aufeinander bezogen sind.

Der Ansatzpunkt unserer Relationierung typisierter Orientierungen bildete die für das Forschungsprojekt insgesamt zentrale Frage, wie es dazu kommt, dass die befragten Migrant(inn)en ihr Wissen und Können so als kulturelles Kapital verwerten (können), wie es in ihren Schilderungen deutlich wird. Die Typik zu den Verwertungsformen von Wissen und Können haben wir daher als „Basistypik" (zum Begriff: Bohnsack 2007b, S. 246) verwendet und danach gefragt, wie diese typischen Orientierungen mit Orientierungen in anderen Dimensionen, insbesondere den Phasen des Übergangs und den Migrationsmotiven, zusammenhängen (vgl. zum Folgenden Nohl et al. 2007, S. 158–169 u. 2010b). In unserer relationalen Typenbildung konnten wir dann insgesamt sechs typische Relationen dieser drei Orientierungsdimensionen herausarbeiten.[27]

Ich möchte im Folgenden nur zwei typische Relationen von Phasen, Motiven und Verwertungsformen exemplarisch aufzeigen. Die erste Relation habe ich ausgehend von Frau Guzman-Bergs Fall entdeckt. Bezüglich ihrer Lebensgeschichte stellte sich die Frage: Wie kommt es dazu, dass eine hochqualifizierte Migrantin in Kauf nimmt, ihren ausländischen Bildungstitel nach der Immigration zunächst nur unter engem Bezug auf ihre Herkunftsregion nutzen zu können? Genauer gesagt: Mit welchen Orientierungen in anderen Dimensionen hängt diese Form der Verwertung von Wissen und Können, die ja recht eingeschränkt ist, zusammen? Zur Erörterung dieser Frage habe ich nicht nur das narrative Interview mit Frau Guzman-Berg, sondern noch zwei weitere Fälle, in denen ausländisches akademi-

---

26 Die Tabelle ist auf die drei Relationen gekürzt, die sich in den bislang behandelten Interviews von Guzman-Berg, Yan und Nazar, aber auch in weiteren Fällen rekonstruieren ließen. Auf drei weitere Relationen gehe ich hier aus Gründen der Übersichtlichkeit nicht ein (siehe dazu aber Nohl et al. 2007 u. 2010).

27 Dass wir die Verwertung von Wissen und Können als eine Art Basistypik begreifen und hiervon ausgehend erst die Überlagerungen der Basistypik durch andere typische Orientierungsdimensionen der Migrant(inn)en rekonstruieren, ist dem Erkenntnisinteresse des Forschungsprojekts geschuldet. Die Migrant(inn)en selbst sind nicht in jedem Fall und auch nicht immer zu allererst an einer Verwertung ihres Wissens und Könnens orientiert, wenn sie nach Deutschland kommen.

Tab. 3 Typisierte Orientierungen in verschiedenen Dimensionen

	Phasen der Statuspassage in das neue Land und seinen Arbeitsmarkt			
	Migrationsvorlauf	Transitionsphase	Startphase	Etablierungsphase
Formen der Verwertung von ausländischem Wissen und Können — Anerkennung in der Privatwirtschaft u. transnationale Karriere	Qualifikations- und Ameliorationsorientierung (Yan, Katekar, Sonne, Blochin, Brahmi)	Erweiterung des akademischen Wissens und Könnens (bei fast allen Fällen)		In allen Fällen (Ausnahme: Blochin mit starker Qualifikations- und Ameliorationsorientierung) etablieren sich die Migrant(inn)en im Zusammenhang mit Partnerschaft u. Familiengründung.
Staatliche Vollanerkennung u. migrationshintergrundbezogene privatwirtschaftliche Anerkennung im Gesundheitswesen	Partnerschaftsorientierung (Nazar, Uslu) oder anerkanntes Fluchtmotiv (Zadeh)	Partnerschaftsorientierung (Nazar, Uslu, Singh), anerkanntes Fluchtmotiv (Zadeh) oder Ameliorationsorientierung (Mendelson)	Partnerschafts-, Ameliorations- oder Fluchtmotiv, das sie nach D geführt hat, lässt die Migrant/in eine vorübergehende Abwertung ihres kulturellen Kapitals und dessen professionsrechtlich vorgeschriebenen Aufbau in Kauf nehmen.	Erfolgreiche Praxisgründung und Gründung/Aufrechterhaltung einer Familie
Privatwirtschaftliche herkunftslandbezogene Anerkennung institutionalisierten kulturellen Kapitals	Gleichzeitigkeit von Qualifikationsmotiv und Partnerschaftsmotiv (Guzman-Berg, Piwarski, Donato), wobei letzteres nicht durch Heirat in einen privilegierten Aufenthaltsstatus umgemünzt wird	Gleichzeitigkeit von Qualifikationsmotiv und Partnerschaftsmotiv (Guzman-Berg, Piwarski, Donato)	Partnerschaftsorientierung lässt die Migrantinnen die Restriktionen der nur herkunftslandbezogenen Anerkennung vorübergehend in Kauf nehmen.	Mit der Familiengründung rückt Qualifikationsorientierung und Erwerb von universitärem Wissen und Können wieder in den Vordergrund (Guzman-Berg), der Aufenthaltsstatus wird gefestigt (Guzman-Berg, Piwarski) oder aufgrund besonderer Formen rechtlicher Inklusion (EU-Recht) lassen sich die Verwertungsmöglichkeiten umstandslos ausweiten (Donato).

sches Wissen unter engem Bezug auf die Herkunftsregion genutzt wird, herangezogen. Interessanter Weise handelt es sich bei beiden ebenfalls um Migrant*innen*: Frau Donato und Frau Piwarski.

Ein Blick auf die Lebensgeschichten von Frau Donato, Frau Guzman-Berg und Frau Piwarski zeigt, dass diese Frauen eine prekäre Balance zwischen ihren biographischen Orientierungen und dem Wunsch eingehen, den ausländischen Bildungstitel auf dem Arbeitsmarkt zu verwerten. So wurde bei Frau Guzman-Berg der Einstieg in den deutschen Arbeitsmarkt sicherlich dadurch erleichtert, dass sie bereits in ihrem Heimatland Brasilien eine Karriere als Steuerrechtsanwältin begonnen hatte. Frau Guzman-Berg stellt zu Beginn ihrer Migration nach Hamburg zunächst einmal ihre Qualifikationsinteressen zurück, um mit ihrem Freund zusammen zu leben. Sie nimmt eine Stelle als Steuerrechtsexpertin für Lateinamerika an und verwertet so ihr akademisches Wissen und Können unter Beschränkung auf ihre Herkunftsregion. Dass die Migrantin trotz ihrer Partnerschaftsorientierung in der Transitionsphase darauf insistiert, sich nicht auf ein Visum zur Familienzusammenführung oder Eheanbahnung verlassen zu müssen, sondern einen eigenständigen Zugang zum deutschen Staatsgebiet zu erhalten, hat sie mit den anderen beiden Fällen dieser typischen Form, sein Wissen und Können zu verwerten, gemeinsam. (In Frau Piwarskis Interview heißt es hierzu: „Ich wollte nicht dass äh aus dem Grunde dass ich Aufenthaltsgenehmigung hier bekomme dass ich aus diesem Grunde heirate".) Frau Guzman-Berg kommt also, trotz ihres deutschen Freundes, zunächst mit einem Spezialisten-Sondervisum nach Deutschland. Es ist auch dieser eigenständige Zugang zur rechtlichen Inklusion in Deutschland, in dem sich dokumentiert, dass die hier behandelten Fälle eine prekäre Balance zwischen der restringierten Verwertung ihres Wissen und Könnens einerseits und ihren biographischen, hauptsächlich, aber nicht nur partnerschaftlich motivierten Orientierungen andererseits eingehen. Die drei Frauen bemühen sich dann – zum Ende der Startphase und verstärkt in der Etablierungsphase – auch alsbald, diese prekäre Balance zu verlassen bzw. ihrem Aufenthalt in Deutschland durch erweiterte Möglichkeiten zur Verwertung ihres akademischen Wissen und Könnens eine dauerhafte Basis zu geben. Frau Guzman-Berg, deren Partnerschaftsorientierung in eine Familiengründung mündet, absolviert ein M.A.-Studium im europäischen Recht, mit dem sie zwar nicht als Rechtsanwältin tätig werden kann, wohl aber ihre Möglichkeiten auf dem Arbeitsmarkt erweitert. In ähnlicher Weise verbreitern auch die anderen Frauen ihre Möglichkeiten. Dass sie aber anfangs (in der Startphase) eine derartige Instabilität und den Widerspruch zwischen biographischen Orientierungen und Arbeitsmarktchancen auszuhalten vermögen, macht das Charakteristikum dieser Überlagerung unterschiedlicher Dimensionen und der in ihnen liegenden Orientierungen aus und unterscheidet diese drei Fälle von der zweiten typischen Relation typischer Orientierungen, die im Folgenden kurz behandelt wird.

In der zweiten typischen Relation findet sich schon im Migrationsvorlauf, spätestens aber in der Transitionsphase, ein Migrationsmotiv, welches von den Migrant(inn)en in eine sowohl schnelle als auch sehr weitgehende rechtliche Inklusion in Deutschland umgesetzt wird. Herr Nazar (mit dem die Rekonstruktion dieser Relation begann) und Herr Uslu heiraten ebenso wie Herr Singh Personen, die entweder Deutsche sind oder alsbald werden. Sie erhalten dadurch nicht nur einen Aufenthaltsstatus, der sie sofort auf dem Arbeitsmarkt gegenüber Deutschen gleichrangig macht. Als deutsch Verheiratete kommen sie in der Startphase auch in den Genuss einer staatlichen Anerkennungsprozedur für ihre ausländischen Bildungstitel als Mediziner, die es ihnen ermöglicht, mit einer Berufserlaubnis als Arzt tätig zu werden. Hier wird also in der Startphase des Übergangs die Verwertung von Wissen und Können sehr weitgehend durch eine besondere rechtliche Inklusion, die selbst wiederum eng mit einem Migrationsmotiv verknüpft ist, überformt. Diese Überformung durch die besondere rechtliche Inklusion ist nun die Bedingung der Möglichkeit, durch das Professionsrecht berufsbiographisch prozessiert zu werden.

Wie ich hier exemplarisch an zwei typischen Relationen gezeigt habe (eine dritte Relation, die ihren Ausgangspunkt bei Frau Yan hat, ist in der Tabelle angedeutet), geht es in der relationalen Typenbildung nicht nur darum, in einem Einzelfall herauszuarbeiten, wie sich Orientierungen unterschiedlicher Dimensionen miteinander verbinden (z. B. das Migrationsmotiv von Herrn Nazar mit seiner Form der Verwertung von Wissen und Können auf dem Arbeitsmarkt). Vielmehr ist es notwendig, einzelfallübergreifende und insofern typische Relationen von typisierten Orientierungen in unterschiedlichen Dimensionen herauszuarbeiten (z. B. neben Herrn Nazar auch bei den Herren Uslu und Singh), deren Sinnhaftigkeit ebenfalls zu rekonstruieren ist.

Wie anhand der geschilderten beiden Relationen und von Tabelle 3 deutlich wird, stehen bei diesem Schritt der relationalen Typenbildung nicht mehr die Fälle im Vordergrund der Analyse, denn jene wird nun entlang der für den Vergleich als relevant identifizierten Dimensionen durchgeführt. Die Fälle, die zuvor im rekonstruktiven Fallvergleich noch mitsamt ihren vielfältigen Aspekten und Besonderheiten im Zentrum standen, werden nun zu Gebilden, in denen sich nur noch der Zusammenhang unterschiedlicher typisierter Orientierungen manifestiert. Je klarer dabei verschiedene Relationen typisierend voneinander abgegrenzt werden können, desto überzeugender fällt dieser zweite Schritt der relationalen Typenbildung aus.

Mehrebenenvergleich und kontextuierte Typenbildung

Wenn man in der dokumentarischen Interpretation narrativer Interviews soziogenetische oder relationale Typen bildet, so wird auf diese Weise neben der Ebene der einzelnen Person auch noch einer zweiten Ebene, etwa derjenigen milieuspezifischer Einbindungen oder der Positionierung auf dem Arbeitsmarkt, Rechnung getragen. Ein ähnliches Phänomen lässt sich auch bei anderen Erhebungs- und Auswertungsverfahren, die in der qualitativen Sozialforschung entwickelt wurden, beobachten. Zwar fokussieren die Erhebungsverfahren bisweilen die Analyse *einer* Ebene des Sozialen: beim narrativ-biographischen Interview z. B. die einzelne Person. Doch lassen sich die mit qualitativen Erhebungsverfahren gewonnenen Daten in der Auswertung meist auf *mehrere* soziale Ebenen beziehen.

So schreibt Rosenthal (2011, S. 208), ein biographisches Interview könne auch „für die Rekonstruktion der Fallstruktur einer Familie, einer Gruppe oder einer Organisation dienen, der die interviewte Person angehört." Dabei mag die Rekonstruktion höherer Fallebenen durchaus in der Absicht der Forschenden liegen. Schütze etwa hat anhand von narrativen Interviews nicht nur die individuellen Erfahrungen von Kriegsteilnehmern rekonstruiert, sondern in diesen auch empirische Hinweise auf die „Anregungsmilieus" (1989, S. 53) der kleinen Kampfgruppen wie zudem auf Veränderungen in der „Gesamtgesellschaft" (ebd., S. 54) gefunden. Und zu einer Studie über Hooligans und andere Jugendcliquen schreiben Bohnsack et al., die Auswertung der biographisch-narrativen Interviews sei „in komparativer Analyse" erfolgt, sodass nicht die „individuelle Ausprägung der biographischen Gesamtformung oder persönlichen Identität im Zentrum" gestanden hätten, „sondern allgemeine, d. h. *milieuspezifische* Merkmale der Struktur und Konstitutionsbedingungen von persönlicher Identität" (1995, S. 441; H. i. O.).

Obgleich also die Analyse mehrerer Ebenen in der qualitativen Sozialforschung durchaus etabliert ist, gibt es bislang äußerst wenige Arbeiten (siehe als Ausnahmen: Helsper et al. 2010 u. Hummrich/Kramer 2011), in denen die qualitative Mehrebenenanalyse methodisch und methodologisch reflektiert wird. Wie nicht nur einzelne Fallrekonstruktionen, sondern Fallvergleiche über mehrere Ebenen des Sozialen hinweg durchzuführen sind, wurde meines Wissens noch weniger diskutiert. Viele qualitative Forschungsarbeiten (wie etwa die o.g. von Bohnsack et al. 1995) stellen zwar einen Vergleich auf einer ‚niedrigeren' Ebene des Sozialen (etwa zwischen verschiedenen Biographien von Jugendlichen, die einem Milieu angehören) an, ohne aber dieselben Fälle auf ‚höheren' Ebenen (etwa den Milieus) miteinander zu vergleichen. Ich möchte mich daher in diesem Kapitel auch den Potentialen und Risiken eines solchen Mehrebenen*vergleichs* widmen, wobei ich auf eigene Forschungserfahrungen zurückgreifen werde.

Meine Überlegungen zum Mehrebenenvergleich profitieren auch von den Einsichten, die bisher – sei es implizit in der Forschungspraxis, sei es explizit in der methodologischen Reflexion – in qualitativen Mehrebenenanalysen gewonnen wurden. Daher bietet es sich an, in diesem Kapitel zunächst einen umfassenderen Blick auf Mehrebenenanalysen zu werfen, bevor ich auf jene Form des Vergleichs eingehe, der sich über mehrere Ebenen erstreckt. Ich beginne mit kurzen Anmerkungen zur Identifizierung unterschiedlicher Strukturebenen in der Einzelfallrekonstruktion (Abschnitt 5.1), erörtere dann Aspekte einer fallvergleichenden Zwei-Ebenen-Analyse (Abschnitt 5.2), beschäftige mich weiterhin mit der methodentriangulierenden Mehrebenenanalyse (Abschnitt 5.3), die auch begrenzt vergleichend angelegt sein kann (Abschnitt 5.4). Schließlich gehe ich darauf ein, wie mittels typologisch situierter Fälle (Abschnitt 5.5) und typologisch situierter Fallgruppen (Abschnitt 5.6) die Relationierungsmöglichkeiten im Mehrebenenvergleich erweitert und kontextuierte Typiken entwickelt werden können.

5.1 Grundlagentheoretische Identifizierung von Fallstrukturen auf mehreren Ebenen

In seinen Ausführungen zur Fallrekonstruktion, wie sie in der objektiven Hermeneutik methodologisch begründet und forschungspraktisch entwickelt wurde (siehe dazu Kapitel 2), geht Ulrich Oevermann auch auf die Frage ein, welche Fallstruktur denn nun das Ziel der Analyse eines Interviews oder eines anderen Protokolls (d.h. eines Bildes, einer Gesprächsaufzeichnung etc.) sei. Oevermann (2000, S. 106) betont: „Ein Protokoll oder eine Ausdrucksgestalt verkörpert immer mehr als nur eine Fallstruktur." Ein Interview sei somit nicht schon selbst als Fall anzusehen, sondern repräsentiere „sowohl den Interviewee als auch den Interviewer als Fall, darüber hinaus aber noch mehr: das Interview als pragmatisch spezifischen Gesprächstyp, die Milieus bzw. Lebenswelten, denen die beiden Beteiligten angehören und noch viel mehr" (ebd.).

Eine regelgerechte objektiv-hermeneutische Rekonstruktion des Falles ist nur dann möglich, wenn die Forschenden sich über die zu analysierende Fallstruktur im Klaren sind. Nur so können sie es vermeiden, „Vorwissen über den zu analysierenden Fall" (ebd.) in die Rekonstruktion einzubeziehen. Daher müsse sich, so Oevermann, „der Fallrekonstrukteur zu Beginn seiner Operation entscheiden, welche der im Text zum Ausdruck kommenden Fallstrukturen er analysieren will" (ebd.). Insofern diese Entscheidung getroffen wird, bevor der jeweilige Text interpretiert wurde, muss sie notwendigerweise nicht-empirisch sein. Das heißt, die Entscheidung kann nicht vor dem Hintergrund des – ja noch zu rekonstruierenden – empirischen Wissens, das über die Erhebung existiert, getroffen werden, sondern muss sich auf andere Erkenntnisquellen stützen.

Es ist an dieser Stelle anzunehmen, dass die Identifizierung der unterschiedlichen rekonstruierbaren Fallstrukturen vornehmlich *(grundlagen-)theoretisch induziert* wird.[28] Nur wenn man vorab der Rekonstruktionsarbeit – und das heißt theoretisch – zu wissen in Anspruch nimmt, dass sich etwa in einem Interview sowohl der Fall des Interviewten (seine Biographie), die Interaktionen zwischen Forschendem und Erforschtem als auch die Milieus der beiden als Fallstrukturen repräsentieren, kann man sich vorab für die Rekonstruktion einer dieser Fallstrukturen entscheiden. Dieser Bezug auf theoretische Überlegungen gilt nicht nur für das prinzipielle In-Rechnung-Stellen dieser Ebenen, sondern auch für deren konkrete Identifizierung im Interview.

Folgt man Oevermann (2000), so ist die grundlagentheoretisch induzierte Identifizierung von Ebenen der Fallstrukturen nicht nur eine methodische Notwendigkeit, um eine regelgerechte Rekonstruktion des Falles sicherzustellen. Sie birgt darüber hinaus das Potential, die Rekonstruktion auf mehrere Ebenen des Sozialen auszuweiten: „Mit jeder Fallrekonstruktion wird nicht nur die Fallstruktur bekannt, die den Gegenstand der Rekonstruktion von vorneherein bildete, sondern es werden auch generalisierungsfähige Erkenntnisse über die Fallstrukturen von – in der Regel höher aggregierten – sozialen Gebilden gewonnen, in denen der analysierte Fall Mitglied ist, denen er zugehört oder in die er sonstwie eingebettet ist" (ebd., S. 125). Dass ein Protokoll auf mehreren Ebenen Fallstrukturen repräsentiert, kann also, folgt man Oevermann, auch im Sinne einer Mehrebenenanalyse genutzt werden. Dabei ist zu beachten, dass die Generalisierung, von der Oevermann hier spricht, nicht im Sinne der quantitativen Forschung oder anderen Ansätzen der qualitativen Forschung, sondern nur im spezifischen Ver-

---

28 Diese Identifizierung von Ebenen der Fallstruktur ist deshalb *grundlagen*theoretisch verankert, weil mit diesen Grundbegriffen (wie etwa Biographie, Milieu, Organisation) a priori keine (oder nur sehr schwache) gegenstandsbezogenen Annahmen oder gar gegenstandstheoretische Hypothesen einhergehen.

ständnis der objektiven Hermeneutik aufzufassen ist. Demnach ist jedem Fall eine
Generalisierung inhärent, insofern in dem Fall ja über mehrere unterschiedliche
Problemstellungen und Themen hinweg dieselbe Art und Weise, mit diesen umzugehen, rekonstruiert werden kann. Die Fallstruktur – etwa der Gesprächstyp
des Interviews – ist also gegenüber jedem einzelnen Ereignis – etwa der Frage der
Interviewerin und der darauf folgenden Antwort des Interviewten – generalisiert
(vgl. ebd., S. 118).

5.2 Fallvergleichende Zwei-Ebenen-Analyse

Gabriele Rosenthal, die in ihrem Ansatz weitgehend an Oevermann anschließt
(siehe Kapitel 2), verlässt sich indes bei der Identifizierung unterschiedlicher Ebenen nicht alleine auf grundlagentheoretische Überlegungen. Zwar spricht sie davon, dass sich „ausgehend von der Rekonstruktion der Biographie" einer Person
„durchaus Annahmen über die Fallstruktur ihrer Familie oder über die strukturbildenden Merkmale ihrer Generation ableiten" lassen (2011, S. 209). Doch
bleibt sie gegenüber der empirischen Validität dieser Ableitungen skeptisch und
schreibt: „Mit Hilfe eines kontrastiven Vergleichs mit anderen Personen dieser
Generation ... könnte diese Hypothese weiter verfolgt werden" (ebd.). Für die Rekonstruktion der Familienstruktur wären dann, so Rosenthal, auch Interviews mit
den Eltern und Großeltern der zuerst interviewten Person heranzuziehen.

Implizit weist Rosenthal damit darauf hin, dass eine Mehrebenenanalyse, auch
wenn sie von einer theoretisch induzierten Identifizierung der unterschiedlichen
Ebenen ausgeht, auf den Vergleich unterschiedlicher Erhebungen angewiesen ist.
Diese Erhebungen liegen, so lässt sich aus ihren Ausführungen schließen, nicht
selbst auf der eigentlich zu analysierenden Ebene, sondern unterhalb ihrer. Die
Generation wird durch die komparative Analyse mehrerer Einzelinterviews mit
Personen derselben Generation rekonstruiert und die Familie anhand der Inter-
views mit einzelnen Familienangehörigen.

Charakteristisch für diese Vorgehensweise ist, dass die zentrale Erhebungs-
methode an einer Ebene des Sozialen ansetzt, die nicht eigentlich im Zentrum der
Analyse steht. In ähnlicher Weise hat Fritz Schütze, dessen narratives Interview-
verfahren ja erst später für die Analyse einzelner Biographien genutzt wurde, mit
diesem Erhebungsverfahren zwar auch die individuellen Erfahrungen von Ak-
teuren untersucht, in seinen Analysen aber insbesondere die Einbindung dieser
Akteure in höhere Ebenen des Sozialen fokussiert. So ging es ihm bei der Interpretation von Interviews mit Kommunalpolitikern auch und gerade um die Rekonstruktion „kommunaler Machtstrukturen" (Schütze 1978). Ebenso waren die
bereits erwähnte Arbeit zu den Kriegsteilnehmern wie auch seine Forschungsar-

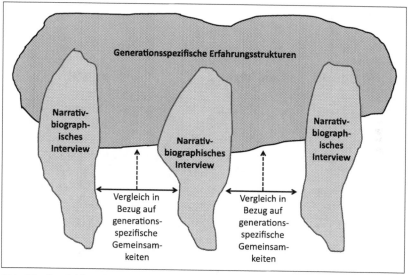

Abb. 10   Vergleich in der Zwei-Ebenen-Analyse

beit zu hessischen Mühlen (Schütze 1991) nicht nur auf die einzelnen Interview-partner gerichtet, sondern auch auf die sozialen Strukturen, in die ihr Handeln eingebettet war.

Die komparative Analyse wird in dieser Vorgehensweise vornehmlich dazu genutzt, solche Homologien zwischen unterschiedlichen Interviews zu identifi-zieren, die auf eine diesen Einzelerhebungen übergreifende Ebene des Sozialen schließen lassen, an der die Erhebungen selbst nicht ansetzen. Dies lässt sich – am Beispiel generationsspezifischer Gemeinsamkeiten – graphisch darstellen (Abbil-dung 10).

Eine solche fallvergleichende Analyse kommt charakteristischer Weise nicht über die Rekonstruktion von zwei Ebenen des Sozialen hinaus. Denn die zu ver-gleichenden Erhebungen, die in diesem Beispiel selbst auf der Ebene des Indi-viduums liegen, müssen stets so ausgewählt werden, dass sie sich in Bezug auf *ein* soziales Gebilde, das auf *einer* höheren Ebene liegt, auswerten lassen. Man kann – um ein Beispiel zu geben – dieselben Interviews nicht so zum Vergleich heranziehen, dass sie gleichzeitig der Rekonstruktion der Struktur einer Fami-lie (mit ihren alten und jungen Mitgliedern) wie auch der Analyse einer Genera-tion (die ja nur aus Gleichaltrigen besteht) dienen. Dies schließt natürlich nicht aus, dass man die zu vergleichenden Interviews einmal so anordnet, dass sie der Rekonstruktion des einen sozialen Gebildes dienen, und dann unter Berücksichtigung weiterer Interviews die Anordnung dieser Erhebungen so variiert, dass sich mit ihnen ein anderes soziales Gebilde untersuchen lässt.

5.3 Methodentriangulierende Mehrebenenanalyse

Bislang wurden die theoretisch induzierte Identifizierung von Strukturebenen des Sozialen und die auf einem empirischen Fallvergleich basierende Zwei-Ebenen-Analyse so dargestellt, als seien die grundlagentheoretische und die empirische Herangehensweise in der Mehrebenenanalyse unvereinbare Gegensätze. Wie sich aber schon an Rosenthals, in Abschnitt 5.2 zitierten Überlegungen zeigen lässt, gilt dies zumindest für die empirische Herangehensweise nicht. Hier werden grundlagentheoretische Überlegungen selbstverständlich dazu herangezogen, unterschiedliche Sozialebenen in einem Interviewtext o. ä. zunächst als „Hypothese" (Rosenthal 2011, S. 209) voneinander zu unterscheiden, um dann diese Zwei-Ebenen-Analyse empirisch mit einem Fallvergleich fortzusetzen und zu untermauern. Und auch wenn Schütze in seinen Zwei-Ebenen-Analysen von „kommunalen Machtstrukturen" (Schütze 1978) oder den „Anregungsmilieus" (Schütze 1989, S. 53) der kleinen Kampfgruppen im Zweiten Weltkrieg spricht, geht den empirischen Analysen ja eine theoretische Idee dessen voraus, was denn (ganz allgemein) diese sozialen Gebilde sind.

Wesentlich dezidierter und expliziter verweisen Helsper et al. (2010, S. 119) auf die Notwendigkeit einer theoretischen Konzeption, in die die Mehrebenenanalyse eingebettet wird: „Von einer (qualitativen) Mehrebenenanalyse kann man ... erst sprechen, wenn eine systematische Einbeziehung differenter Aggregierungs- und Sinnebenen des Sozialen erfolgt und eine Zusammenführung der jeweils für eine Ebene gewonnenen Ergebnisse über eine komplexe Gegenstandskonzeption vorgenommen wird." Was hier unter einer „komplexen Gegenstandskonzeption" zu verstehen ist, wird deutlich, wenn man sich des Beispiels vergewissert, das Helsper et al. hierfür angeben. Sie beziehen ihre Gegenstandskonzeption auf die „Aggregierungsebenen des Sozialen", bei denen sie folgende unterscheiden: die Ebenen des (1) „Individuum", der (2) „Interaktion", von (3) „Institution/Milieu", die (4) „regionale Ebene" sowie die (5) „Ebene der Gesellschaft/des Systems (global, national)" (ebd., S. 126).

Es handelt sich hier also nicht um eine Gegenstandskonzeption, die schon genauere Aussagen darüber machen würde, wie die Interaktion oder das Milieu, das untersucht wird, aussieht. Insofern handelt es sich bei „Individuum", „Milieu" etc. gerade nicht um gegenstandstheoretische, sondern um formale, grundlagentheoretische Begriffe, die zwar die jeweilige Analyseebene zu definieren vermögen, ohne aber der empirischen Analyse dieser Ebene vorzugreifen. Von dieser formalen Art waren auch schon die von Rosenthal, Oevermann und Schütze gebrauchten theoretischen Grundbegriffe.[29]

Diese formalen Begriffe sind für Helsper, Hummrich und Kramer allerdings nicht deshalb relevant, weil nur auf diese Weise zwischen unterschiedlichen Sinnebenen innerhalb einer Erhebung (z. B. eines Interviews) unterschieden werden kann. Vielmehr dient die formale Gegenstandskonzeption dazu, die unterschiedlichen Analyseebenen theoretisch zusammenzuhalten. Denn Helsper et al. räumen der Mehrebenenanalyse anhand *einer* Datenquelle nur einen untergeordneten Stellenwert ein (s. u.). Aus ihrer Sicht müssen nämlich „solche qualitativen Daten und Protokolle erhoben werden, die für die jeweilige Sinnebene typisch und aussagekräftig sind" (Helsper et al. 2010, S. 128). In einer eigenen Untersuchung zu „pädagogischen Generationsbeziehungen in Familie und Schule" (Helsper et al. 2009) haben sie etwa die Ebene von Institution und Milieu anhand von „Schulleiterreden zur Begrüßung der Neuen", von „Lehrerinterviews" wie auch von „Elterninterviews" und „Familiengesprächen" untersucht, während die Ebene der Interaktion mittels der Beobachtung von „Lehrer-Schüler-Interaktionen" und „Eltern-Kind-Interaktionen" einbezogen wurde. Die Individualebene wurde dann mit „biographischen Schülerinterviews" berücksichtigt (Hummrich/ Kramer 2011, S. 123).

Diese von Ebene zu Ebene unterschiedlichen Erhebungen sind nun in einer „jeweils eigenständigen Sinnrekonstruktion" (Helsper et al. 2010, S. 128) zu analysieren. Die Mehrebenenanalyse beginnt also zunächst mit der getrennten Analyse der einzelnen Ebenen, auf denen „ebenenspezifische Typiken" zu entwickeln sind (ebd.). Erst danach können „die unabhängig voneinander rekonstruierten ebenenspezifischen Sinnmuster zueinander relationiert werden" (ebd.).

Wie gezeigt, ist die formale Gegenstandskonzeption für diese Relationierung von hoher Bedeutung. Helsper et al. (2010, S. 131) sprechen in diesem Zusammenhang zwar davon, dass die empirisch rekonstruierten Sinnmuster auf „nicht nur verschiedenen sozialen Aggregierungsebenen, sondern zugleich auf theoretisch und methodologisch unterschiedlich konzipierten Sinnebenen, etwa zwischen unbewusst-latenten, impliziten oder expliziten, intentionalen Sinnkonzepten" liegen. An dieser Stelle ist allerdings einzuwenden, dass die theoretische Relationierung leichter – und eventuell auch überzeugender – ausfallen würde, wenn die formalen Begriffe, die die Mehrebenenanalyse strukturieren sollen, nicht voneinander getrennt, sondern aufeinander bezogen sind. Zum Beispiel ist es m. E. nicht angebracht, das theoretische Modell eines sich selbst transparenten Individuums, das seine Handlungen rational abwägt, mit einem Milieubegriff zu verknüpfen,

---

29 Zur Bedeutung grundlagentheoretischer Begriffe für die qualitative Sozialforschung im Allgemeinen siehe Bohnsack 2007a, S. 204 f.

der die vorbewusste Einbindung individuellen Handelns in kollektive Erfahrungs-strukturen prononciert. Eine sinnvolle Verknüpfung der Analyseebenen kann also aus meiner Sicht nicht erst in der empirischen Analyse erfolgen, sondern muss be-reits durch eine Relationierung der theoretischen Grundbegriffe (unter Beachtung ihrer Gemeinsamkeit und ihrer Differenzen) vorbereitet sein.[30]

Dabei sollte auch geklärt werden, ob auf den unterschiedlichen Ebenen des Sozialen eigenlogische Sinnmuster angenommen werden oder aber – im Sinne des von Helsper et al. (2010) und Hummrich/Kramer (2011) immer wieder ge-brauchten Begriffs der „Aggregierung" – höhere Sinnebenen sich sozusagen aus der Addition unterer Sozialebenen (etwa Milieus aus der Zusammensetzung einer Vielzahl von Biographien) ergeben. Letzteres ist m. E. wenig plausibel und wider-spricht auch der Argumentation der genannten Autor(inn)en, die ja den „eigenlo-gischen Sinn" (Helsper et al. 2010, S. 130) der Ebenen betonen.

Die Relationierung der ebenenspezifisch rekonstruierten Sinnmuster sollte, so schlagen es Helsper et al. vor, nicht nur über die formale Gegenstandskonzeption erfolgen, sondern auch empirisch. Hierzu sind auf jeder Ebene sogenannte „‚An-schlussstellen' für andere Sinnebenen" zu identifizieren, die „miteinander verbun-den werden" müssen (Helsper et al. 2010, S. 128). Derartige Anschlussstellen erge-ben sich, wenn man danach fragt, welche Relevanz die Sinnmuster einer höheren sozialen Ebene für eine niedrigere Ebene hat. Hierzu kann man analysieren, in-wiefern Sinnmuster einer höheren Ebene sich in den Strukturen einer niedrigeren Ebene niederschlagen und welchen „eigenlogischen Sinn" (ebd., S. 130) sie hier er-halten: Wie schlägt sich etwa die Ebene der schulischen Institution in einem bio-graphischen Schülerinterview nieder?

In einer Mehrebenenanalyse, die zwischen den Ebenen des Individuums, des Milieus bzw. der Organisation und dem Funktionssystem unterscheidet,[31] ließen sich die Ebenen dann folgendermaßen theoretisch wie empirisch in Beziehung setzen (Tabelle 4).

In dieser Tabelle wird deutlich, dass die grundlagentheoretische Relatio-nierung (hier durch einen wechselseitigen Pfeil markiert) der Sinnebenen zwar gleichgewichtig erfolgen kann, dass in der empirischen Relationierung (hier durch einen einfachen Pfeil markiert) jedoch den unteren Ebenen ein höheres Gewicht

---

30   Die von Hummrich/Kramer (2011, S. 128) ins Spiel gebrachte Möglichkeit, ob nicht be-stimmte Auswertungsverfahren für spezifische Ebenen prädestiniert sind (z. B. die do-kumentarische Methode für die Milieuebene) und daher neben einer Triangulation von Erhebungs- auch eine Triangulation von Auswertungsverfahren genutzt werden sollte, ist m. E. eher skeptisch zu beurteilen. Denn auf diese Weise würde der theoretische und empi-rische Zusammenhang, der die Mehrebenenanalyse ja übergreifen muss, vollends gefährdet.

31   Hier lassen sich selbstverständlich auch andere grundlagentheoretische Unterscheidungen denken.

Tab. 4 Grundlagentheoretische und empirische Relationierung der Sinnebenen bei triangulierender Mehrebenenanalyse

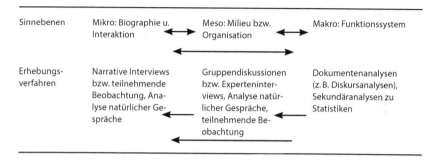

Sinnebenen	Mikro: Biographie u. Interaktion ⟷	Meso: Milieu bzw. Organisation ⟷	Makro: Funktionssystem
Erhebungs-verfahren	Narrative Interviews bzw. teilnehmende Beobachtung, Analyse natürlicher Gespräche	Gruppendiskussionen bzw. Experteninter-views, Analyse natür-licher Gespräche, teilnehmende Be-obachtung	Dokumentenanalysen (z. B. Diskursanalysen), Sekundäranalysen zu Statistiken

zukommt. Denn nur in den jeweils niedriger angesiedelten Ebenen kann so etwas wie der Niederschlag sozialer Gebilde einer höheren Ebene deutlich werden, während auf den höheren Sinnebenen (und insbesondere auf der Makroebene) die Sinnstrukturen niedrigerer Ebenen nicht mehr sichtbar sind.

5.4 Methodisch begrenzter Mehrebenenvergleich

Obgleich die wegweisenden methodologischen Reflexionen von Helsper, Hummrich und Kramer auf Forschungsarbeiten beruhen, die nicht nur eine Mehrebenenanalyse beinhalten, sondern prinzipiell auch *vergleichend* angelegt sind, wird dieser Aspekt ihrer Vorgehensweise nur ganz implizit angedeutet, die methodologischen Aspekte und forschungspraktischen Klippen eines solchen Mehrebenenvergleichs aber nicht weiter diskutiert.[32] Da gerade in der dokumentarischen Methode der komparativen Analyse ein hoher Stellenwert zukommt (siehe Kap. 2), möchte ich in diesem Abschnitt in lockerem Bezug zu Forschungsarbeiten um Helsper wie auch zu einem eigenen Forschungsprojekt (in der bereits mehrfach erwähnten Studiengruppe „Kulturelles Kapital in der Migration") über den Mehrebenen*vergleich* nachdenken. Dabei sollen nur jene Aspekte zur Sprache kommen, die über die bislang besprochenen methodologischen Reflexionen hinaus von Bedeutung sind.

In einem Mehrebenenvergleich ist vor allem die Relationierung der Sinnebenen sowie der Fälle auf einer Sinnebene untereinander komplexer angelegt. Dies

---

32 Helsper et al. (2010, S. 129) verweisen lediglich in einem Schema darauf, dass eine „minimale" bzw. „maximale Kontrastierung auf einer Sinnebene" möglich ist.

hat damit zu tun, dass die komparative Analyse hier nicht nur auf einer unteren Sinnebene vorgenommen wird, die dann Hinweise auf eine höhere Sinnebene gibt (siehe hierzu Abschnitt 5.2), sondern auch auf dieser höheren Sinnebene Fälle miteinander verglichen werden.

Dass in einem Mehrebenenvergleich komparative Analysen auf jeder Ebene realisiert werden sollten, bedeutet nicht, dass diese wahllos vollzogen werden könnten. Vielmehr ist es wichtig, genau im Blick zu behalten, welche Fälle auf welcher Ebene wie miteinander verglichen werden können. Betrachten wir zunächst einmal die Abbildung 11, die in etwa die Anlage der Studie von Helsper und Mitarbeiter(inne)n (vgl. Helsper et al. 2001, Böhme 2000, Kramer 2002) wiedergibt: Die Forschenden hatten hier auf der Länderebene institutionalisierte Aspekte der Schulkultur (1. Ebene) und die in den Einzelschulen zu rekonstruierende Schulkultur (2. Ebene) mit den unterschiedlichen (insgesamt 45–60) Schülerbiographien (3. Ebene) kontrastiert. Insbesondere auf der zweiten und dritten Ebene wurden eigens Erhebungen mit ebenenspezifischen Methoden durchgeführt.

Innerhalb einer Mehrebenenanalyse ist ein Vergleich der Fälle auf einer Ebene – etwa der Schülerbiographien – *zunächst* nur innerhalb einer Schule sinnvoll, d. h. die Schülerbiographie 1 kann nur mit den Schülerbiographien 2 und 3 verglichen werden, nicht aber mit der Schülerbiographie 5. Der Grund hierfür liegt darin, dass ein unmittelbarer Vergleich der Habitus von Schülern zweier unterschiedlicher Schulen den Einfluss eben dieses schulischen Kontextes ignorieren würde. Bei einem Vergleich zwischen Schüler 1 und Schüler 5 wäre also nicht klar, was in der komparativen Analyse überhaupt rekonstruiert wird: Unterschiede der Schülerbiographien oder Unterschiede der Schulen, die sich in der Schülerbiographie niederschlagen?

Aus diesem Grund wird der Mehrebenenvergleich zunächst auf solche komparativen Analysen gestützt, die durch die Zugehörigkeit der Vergleichsfälle zu *einem* auf einer höheren Ebene liegenden Fall begrenzt werden. Es werden auf jeder Ebene also nur diejenigen Fälle miteinander verglichen, die auf einer höhe-

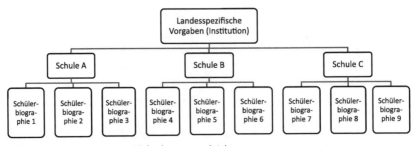

Abb. 11   Relationierung im Mehrebenenvergleich

ren Ebene zu *demselben* Fall gehören (z. B. die Biographien von denjenigen Schülern, die zu einer Schule gehören). Nur auf diese Weise kann ausgeschlossen werden, dass diejenigen Unterschiede, die zwischen den Vergleichsfällen identifiziert werden, eigentlich einer anderen (höheren) Ebene zuzurechnen wären, ohne dass dies bemerkt würde. In derselben Weise können dann auf der höheren Sozialebene Fälle miteinander verglichen werden (also etwa die Schulen A, B und C) – vorausgesetzt, sie gehören selbst einem sozialen Gebilde auf der nächsthöheren Ebene (z. B. einer Landesschulverwaltung) an.

Eine derartige Begrenzung des Mehrebenenvergleichs, die sich von Ebene zu Ebene fortsetzt, ist dann unkompliziert, wenn die Untersuchungsebenen und die auf ihnen liegenden Einzelfälle nicht nur in der theoretischen Konzeption verhältnismäßig klar strukturiert sind, sondern auch in der Gesellschaft selbst. Dort etwa, wo einzelne Personen wie die Schüler/innen, Organisationen wie die Schulen und auf einer dritten Ebene die Landesschulverwaltung untersucht werden sollen, sind die Ebenen der Forschung und die Grenzen der Fälle schon selbst in einem Staatswesen institutionalisiert, d. h. durch allgemein verbindliche Gesetze und Verordnungen geregelt, und können von den Forschenden problemlos identifiziert werden (vgl. Weiß 2010, S. 299).

Doch wenn unterschiedliche Ebenen des Sozialen untersucht werden sollen, die zumindest zum Teil informeller Art sind, lässt sich mit den Forschungsebenen nicht mehr einfach an gesellschaftlich bzw. staatlich institutionalisierte und klar erkennbare Strukturen anknüpfen. Dies ist zum Beispiel dort der Fall, wo neben einzelnen Personen und Organisationen auch Milieus untersucht werden sollen, die sich ja gerade dadurch auszeichnen, dass ihre Grenzen nicht klar definiert und letztlich (wenn überhaupt) erst als Ergebnis der Forschung anzugeben sind. Um hier feststellen zu können, ob die Fälle, die auf einer Ebene miteinander verglichen werden sollen, zu *einem* Fall auf einer höheren Ebene gehören, bedarf es im Zuge der Erhebung eines strategischen Vorgehens: So kann man zum Beispiel diejenigen Personen für ein biographisch-narratives Interview rekrutieren (Individualebene), die zuvor bereits gemeinsam an einer Gruppendiskussion (Milieuebene) teilgenommen haben. Diese Personen, deren Zugehörigkeit zu einem Milieu deutlich ist – sofern in der Gruppendiskussion kollektive Orientierungen und Erfahrungen rekonstruiert werden konnten –, lassen sich dann bezüglich ihres persönlichen Habitus untereinander vergleichen (so in Bohnsack et al. 1995). Man sichert also die Zugehörigkeit der Vergleichsfälle einer niedrigeren Sozialebene zu einem Fall auf der nächsthöheren Ebene dadurch, dass diese Vergleichsfälle *Teile* des Falles auf der höheren Ebene sind.

Eine weitere Möglichkeit, den Vergleich einzugrenzen, besteht darin, die Zugehörigkeit von Fällen der ersten Analyseebene zu spezifischen Entitäten höherer Ebenen dadurch zu definieren, dass man im Rahmen einer „bewussten (d. h.

nicht zufälligen!), kriteriengesteuerten Fallauswahl" (Kelle/Kluge 2010, S. 43) die Erhebungen auf der ersten Ebene so steuert, dass sie theoretisch definierten Entitäten auf der zweiten Ebene zuzurechnen sind. Hierzu müssen die Forschenden „ein gezieltes Erkenntnisinteresse verfolgen und bereits im Vorfeld wissen, welche Gesichtspunkte und Zusammenhänge angesichts ihrer theoretischen Fragen untersucht werden" (Schittenhelm 2009, S. 9). So kann man beispielsweise Personen unterschiedlicher Generationen dann anhand von narrativen Interviews untersuchen, wenn man – bestimmte Generationen fokussierend – nur solche Personen interviewt, die theoretisch vorab festgelegten Geburtskohorten angehören. Wie in diesem Beispiel schon deutlich wird, kann eine solch theoretische Festlegung von Entitäten einer höheren Ebene, mit der die relevanten Fälle einer niedrigeren Ebene identifiziert werden, nicht ausreichen, sondern muss stets durch eine empirische Analyse dieser Zugehörigkeit (etwa der Generationenzugehörigkeit) untermauert werden. Gleichwohl lässt sich auf diese Weise der Vergleich auf die Fälle, die einer höheren Ebene zugehörig sind, begrenzen.

So valide der hier diskutierte begrenzte Vergleich auf mehreren Ebenen ist, so begrenzt ist zugleich die Aussagekraft seiner Ergebnisse. Da die Fälle einer Ebene nicht über unterschiedliche Fälle auf der nächsthöheren Ebene hinweg zueinander in Beziehung gestellt werden können, lassen sich die Relationierungen zwischen den Ebenen nicht miteinander vergleichen – bzw., wenn sie miteinander verglichen werden, lassen sich die Ergebnisse nicht ebenenspezifisch differenzieren. Man kann – um die Abbildung 11 aufzugreifen – den Bezug der Schülerbiographien 1, 2 und 3 zur Kultur der Schule A herausarbeiten. Man kann aber nicht zwischen dem Bezug der Schülerbiographie 1 zur Schule A mit dem Bezug der Schülerbiographie 5 zur Schule B vergleichen. Dies wäre gleichwohl gerade dann von hoher Bedeutung, wenn man unterschiedliche Bezüge zwischen den sozialen Ebenen miteinander kontrastieren möchte, wenn man z. B. zeigen möchte, welche Erfahrungen Schüler mit einem ähnlichen Habitus mit unterschiedlichen Schulkulturen machen.

5.5 Mehrebenenvergleich und -relationierung mittels typologisch situierter Fälle

Wie können die unterschiedlichen Relationen zwischen den Ebenen des Sozialen nun miteinander verglichen werden? Wie kann man – um weiter an die Abbildung 11 anzuknüpfen – die Relation der Schülerbiographie 1 zur Kultur der Schule A mit der Relation der Schülerbiographie 5 zur Kultur der Schule B vergleichen, ohne dabei biographiespezifische Aspekte mit dem Niederschlag der Schulkultur in den Erfahrungen des jeweiligen Schülers zu verwechseln?

Eine solche komparative Analyse unterschiedlicher Relationen zwischen den Ebenen ist nur dann möglich, wenn man die Vergleichbarkeit der Fälle auf der unteren Ebene sicherstellt, bevor man ihre Relationen zu den Entitäten auf der nächsthöheren Ebene miteinander vergleicht. Man müsste also, um im Beispiel von Schülerbiographie und Schulkultur zu bleiben, die unterschiedlichen Schüler- biographien innerhalb einer Schule bereits miteinander verglichen und ihre typi- schen Aspekte herausgearbeitet haben, bevor man schulenübergreifend die Rela- tionen zu den Schülerbiographien vergleichen kann. Der Vergleich zwischen den Schülerbiographien innerhalb einer Schule führt dazu, dass diese Schülerbiogra- phien in einer oder mehreren Typiken verortet werden können. Abstrakt ausge- drückt: Die Fälle der unteren Ebene, die einem Fall auf einer höheren Ebene zu- gehörig sind, müssen zunächst typologisch situiert werden, bevor man mit dem Vergleich über mehrere Fälle auf der höheren Ebene hinweg fortschreitet. Diese *typologische Situierung von Fällen* lässt sich folgendermaßen darstellen, wobei mit den Bezeichnungen der verschiedenen Ebenen und Fälle keine spezifische Sozial- theorie impliziert sein soll (Abbildung 12).

Mit der Entwicklung dieser Typik(en) auf Basis der vergleichenden Rekon- struktion der Fälle der ersten Ebene wird nun letztlich eine weitere Ebene der Forschung eingeführt: Während die Fälle der ersten Ebene – sofern es sich hier

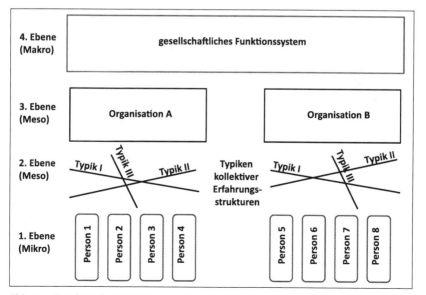

Abb. 12   Typologische Situierung von Fällen im Mehrebenenvergleich

um Personen handelt, die beispielsweise ein narratives Interview gegeben haben – noch auf der Mikroebene des Individuums liegen, werden mit der Typik bzw. den Typiken ja schon individuenübergreifende, d. h. kollektive Erfahrungsstrukturen herausgearbeitet, die einer zweiten Ebene zugehörig sind. Die dort entwickelte(n) Typik(en) kollektiver Erfahrungsstrukturen dient/dienen letztlich dazu, die Fälle der ersten Ebene zu ordnen.

Wichtig ist hierbei, dass die Rekonstruktion aller Fälle der ersten Ebene – über unterschiedliche übergeordnete Fälle hinweg – der Entwicklung ähnlicher Typiken dient. Es macht zum Beispiel keinen Sinn, innerhalb einer Organisation A die Personen hinsichtlich geschlechts- und generationstypischer Aspekte zu untersuchen, in der Organisation B jedoch bezüglich migrations- und alterstypischer Gesichtspunkte. Denn dann könnte die typologische Situierung nicht dazu genutzt werden, die einer Organisation zugehörigen Personen mit den Personen der anderen Organisation zu vergleichen. Zwar ist es naheliegend, dass je nach übergreifender Organisation die vergleichende Rekonstruktion von Fällen der ersten Ebene gewisse Unterschiede in den Typiken zeitigt (z. B. dürfte in einer Hamburger Hauptschule die Migrationslagerung eine bedeutende Rolle spielen, während diese in einem Gymnasium weniger relevant sein mag) – solche Unterschiede in den Typiken sollten nicht negiert werden, sondern verweisen auf zentrale Differenzen zwischen den Organisationen und ihren Mitgliedern. Doch wird die Vergleichbarkeit zwischen den Mitgliedern unterschiedlicher Organisationen erst dadurch gesichert, dass zumindest ein Teil der Typiken in denselben Erfahrungsdimensionen angelegt ist. Zusätzlich ist es sinnvoll darauf zu achten, dass zwischen den Schüler(inne)n in anderen Erfahrungsdimensionen keine allzu großen Unterschiede bestehen. Zum Beispiel kann man in einem schulbezogenen Mehrebenenvergleich darauf achten, dass die Schüler/innen, die auf der ersten Ebene innerhalb jeder Schule miteinander verglichen werden, stets auf typische Unterschiede hinsichtlich des sozialen Geschlechts und des sozioökonomischen Milieus hin untersucht werden, während sie hinsichtlich des Migrationshintergrundes keine Varianz aufweisen sollten.

Wenn auf diese Weise die Personen (1. Ebene) innerhalb jeder Organisation (3. Ebene) typologisch (d.h. in Bezug auf kollektive Erfahrungsstrukturen einer zweiten Ebene) situiert sind, ist damit das Fundament der Vergleichbarkeit aller Fälle der ersten Ebene hergestellt. Die komparative Analyse über verschiedene Entitäten der höheren Ebene hinweg kann nun beginnen. Dazu zieht man solche Fälle aus den verschiedenen Entitäten der höheren Ebene heran, die in ähnlicher Weise typologisch situiert sind. Wenn z. B. die typologische Situierung von Person 1 der typologischen Situierung von Person 6 gleicht (wenn etwa beide Personen ähnliche Erfahrungen im Bereich von Gender und sozioökonomischen Milieu aufweisen), können diese beiden Fälle miteinander verglichen werden. Bei diesem Vergleich sind dann selbstverständlich die verbleibenden Differenzen hinsichtlich der typologischen Situierung zu berücksichtigen (etwa Unterschiede hinsichtlich der ortsgesellschaftlichen Erfahrungen: Großstadt vs. Dorf). Jenseits dieser Differenzen kann dann aber davon ausgegangen werden, dass alle weiteren Unterschiede darauf zu beziehen sind, wie Person 1 die Organisation A und wie Person 6 die Organisation B erfahren. Indem nur Fälle einer unteren Ebene miteinander verglichen werden, die in ähnlicher Weise typologisch situiert sind, kann also der Niederschlag der höheren Sozialebene in der niedrigeren Sozialebene identifiziert werden. Zugleich kann man auch den „eigenlogischen Sinn" (Helsper et al. 2010, S. 130), die die niedrigere der höheren Sozialebene verleiht, analysieren. Nachdem nun die ersten beiden Fälle miteinander verglichen worden sind, kann die komparative Analyse mit weiteren Fällen, die jeweils ähnlich typologisch situiert sein sollten, fortschreiten. Sie führt in letzter Konsequenz dazu, dass man den Sinn, der der Entität auf der jeweils höheren Sozialebene durch eine niedrigere Ebene verliehen wird, typisieren kann. Man kann also eine Typik dazu entwickeln, welcher Sinn der Organisation A und B von den Personen auf der ersten Ebene gegeben wird.

Dieselbe Vorgehensweise lässt sich verfolgen, wenn man nicht nur untersuchen will, welcher Sinn der höheren Sozialebene auf einer niedrigeren Ebene verliehen wird, sondern – wie dies etwa Böhme (2000) und Kramer (2002) machen – die „Passungsverhältnisse", d.h. die Relationen zwischen der höheren und der niedrigeren Sozialebene untersuchen möchte. Notwendig für die Rekonstruktion von Passungsverhältnissen ist allerdings, dass auch auf der höheren Sozialebene eigenständige Erhebungen durchgeführt wurden. Der Vergleich dieser Relationen[33] lässt sich folgendermaßen durchführen: Man beginnt mit der Rekonstruktion der Relation zwischen einer Person 1 und der Organisation A (in der sie Mitglied ist). Dann betrachtet man die Relation der Organisation B zu einem Mitglied (z.B. Person 6), das in ähnlicher Weise typologisch situiert ist wie die Person 1. Die komparative Analyse bezieht sich dann auf die Relation Person 1 zu Organisation A und die Relation Person 6 auf die Organisation B. Sie kann fortgesetzt werden, indem weitere Relationen typologisch ähnlich situierter Personen zu ihren jeweiligen Organisationen analysiert werden. Die miteinander verglichenen Relationen bzw. Passungsverhältnisse lassen sich dann auch typisieren.[34]

---

33 An dieser Stelle ist anzumerken, dass der hier genannte Vergleich der Relationen nichts mit dem Vergleich der Relationen in der relationalen Typenbildung (siehe Kapitel 3 u. 4) zu tun hat, handelt es sich hier doch um die Relationen *konkreter* sozialer Gebilde, während in der relationalen Typenbildung *typisierte* Orientierungen in Beziehung zueinander gesetzt werden.

34 Ein Beispiel für derartige Typisierungen findet sich in Helsper et al. 2009, S. 275 ff.

Gleich ob sich die komparativen Analysen auf die Relationen zwischen den Ebenen oder auf den Niederschlag der höher aggregierten Sozialebene in den Erfahrungen der niedrigeren Ebene beziehen, kann man sie zur Entwicklung *kontextuierter* Typiken nutzen. Wie ist das zu verstehen? Die Typiken, die man zu den Relationen zweier Ebenen oder dem Sinn, der der höheren Ebene durch eine niedrigere Ebene gegeben wird, entwickelt, stehen dank des Mehrebenenvergleichs nicht für sich alleine, sondern sind durch die Typiken, die man auf der niedrigeren Ebene bereits gebildet hat, kontextuiert. In Bezug auf die Relationen bzw. Passungsverhältnisse lässt sich dies folgendermaßen erläutern: Dadurch, dass man schon in der vergleichenden Rekonstruktion der Fälle auf der ersten Ebene Typiken entwickelt hat, die auf die kollektiven Erfahrungsstrukturen (zweite Ebene) der Individuen verweisen, kann man identifizieren, im Kontext *welcher* typologischen Situierung sich die typischen Passungsverhältnisse *wie* ausprägen. Man kann zum Beispiel untersuchen, wie das typische Passungsverhältnis eines Elitegymnasiums zu seinen Schüler(inne)n unter den Bedingungen unterschiedlicher sozialer Herkunft aussieht. Dieses Passungsverhältnis lässt sich allerdings erst dann typisieren, wenn man es mit dem Passungsverhältnis etwa einer Hauptschule zu ihren Schüler(inne)n kontrastiert. Doch auch hier können dann die Kontextbedingungen unterschiedlicher sozialer Herkunft dadurch in Rechnung gestellt werden, dass zu diesen ja eine oder mehrere Typiken vorliegen.

Gerade dadurch, dass die Typik der Relationen bzw. Passungsverhältnisse durch den Kontext der auf einer darunter liegenden Ebene angesiedelten Typik(en) differenziert werden, lassen sich dann auch die *kontextübergreifenden* Aspekte der Typik der Passungsverhältnisse identifizieren. Denn wenn man – um an Abbildung 12 anzuknüpfen – die Gemeinsamkeiten der Passungsverhältnisse zwischen der Organisation A und den Personen 1 bis 4 rekonstruiert, die sich trotz deren unterschiedlicher typologischer Situierung in kollektiven Erfahrungsstrukturen zeigen, hat man einen Zugriff auf die kontextunabhängigen Aspekte des Passungsverhältnisses zur Organisation A. Diese werden dann besonders prägnant deutlich, wenn man sie mit den (auf dieselbe Weise generierten) kontextunabhängigen Aspekten des Passungsverhältnisses der Organisation B zu ihren Mitgliedern kontrastiert. Beispielsweise kann man die kontextübergreifenden Aspekte des typischen Passungsverhältnisses eines Elitegymnasiums zu seinen diversen Mitgliedern dann herausarbeiten, wenn man den Bezug zu Personen analysiert, die in unterschiedlicher Weise typologisch situiert sind, z. B. differente Erfahrungen hinsichtlich ihres sozioökonomischen Milieus gemacht haben.

Hinsichtlich der Entwicklung kontextuierter Typiken in Bezug auf den Sinn, der sozialen Gebilden einer höheren Sozialebene in den Fällen einer niedrigeren Sozialebene gegeben wird, kann in analoger Weise verfahren werden. In einem laufenden DFG-Projekt (vgl. Nohl 2010b) etwa untersuchen wir, wie ein neues

Curriculum in Grundschulen auf dem Dorf, in einer Klein- und einer Mittelstadt sowie in zwei Vierteln einer Metropole praktiziert wird (Ebene der Organisation). Dazu haben wir u. a. Gruppendiskussionen mit Lehrer(inne)n durchgeführt, wobei wir einerseits jene Generation berücksichtigen, die bereits im neuen Curriculum ausgebildet wurde, und andererseits Erhebungen mit Lehrer(inne)n durchgeführt haben, die zu Zeiten des alten Curriculums studiert haben (Ebene der generationellen Einbindung). Zuerst werden hier innerhalb der einzelnen Schulen Typiken zu (u. a.) den generationellen Einbindungen der Lehrer/innen entwickelt, um dann über die unterschiedlichen Schulen hinweg zwischen Gruppendiskussionen mit ähnlicher typologischer Situierung zu vergleichen und auf diese Weise typische Unterschiede zwischen den Schulorganisationen zu identifizieren. So können wir erstens die Generationstypik mit der Schulorganisationstypik kontextuieren (und umgekehrt) und zweitens jene Aspekte beider Typiken identifizieren, die kontextübergreifend sind (bei denen z. B. generationsspezifische Praktiken des Curriculums deutlich werden, die sich in unterschiedlichen Schulen zeigen).

Gleich ob die Relationen zwischen den Sozialebenen oder der Sinn, der einer höheren Ebene auf einer unteren Ebene gegeben wird, im Zentrum der Analyse stehen, ist bei ihrer Typisierung die Entdeckung kontextübergreifender Aspekte immer auf die Rekonstruktion auch der kontextabhängigen, weil an die Typiken der niedrigeren Sozialebene gebundenen Aspekte angewiesen. Auf diese Weise, d. h. indem über die kontextabhängigen Aspekte die kontextübergreifenden Aspekte der Typiken der zweiten Ebene herausgearbeitet werden, werden die empirischen Ergebnisse dann auch *generalisierungsfähig*. Die Generalisierungsfähigkeit einer Typik wird in der rekonstruktiven Sozialforschung nämlich nicht durch die einfache Verallgemeinerung einer Typik erzielt, sondern dadurch, dass man zeigen kann, in welchen Aspekten diese Typik durch andere Typiken überlagert wird bzw. unverändert bestehen bleibt (vgl. Bohnsack 2005b, S. 76 f).

Dabei bezeichnet Bohnsack (2007b, S. 246 ff) die Überlagerung einer Typik durch eine andere Typik als „Spezifizierung", wobei die von ihm anvisierten Typiken stets auf derselben Ebene angesiedelt sind (siehe dazu Kapitel 3.3). Während die Typiken *einer* Ebene auf dem Weg der Spezifizierung generalisierungsfähig werden, lässt sich bei Typiken, die auf zwei oder mehreren Ebenen entwickelt werden, von einer *Generalisierung durch Kontextuierung* sprechen.

5.6 Typologisch situierte Fallgruppen und kontextuierte Typenbildung

Die Komplexität des Mehrebenenvergleichs, die sich im vorangegangenen Abschnitt angedeutet haben mag, erstreckt sich nicht nur auf dessen methodologische Reflexion, sondern vor allem auf seine forschungspraktische Durchführung. Dies gilt insbesondere dann, wenn man dem Plädoyer von Helsper, Hummrich und Kramer (2010, S. 128) folgt, für jede Ebene eigens „typische und aussagekräftige" Daten (etwa Schulleiterreden wie auch Schülerinterviews) zu erheben und sie eigenständig auszuwerten. Eine solche methodentriangulierende Vorgehensweise ist sicherlich dort unabdingbar, wo man – wie gezeigt – Passungsverhältnisse rekonstruieren und typisieren möchte, für die ja eine Rekonstruktion der Eigenlogik jeder Ebene notwendig ist. Geht es aber lediglich darum zu untersuchen, wie die Strukturen höherer Sozialebenen auf einer niedrigeren Ebene erfahren und sinnhaft gemacht werden, kann ein Mehrebenenvergleich m. E. auch monomethodisch angelegt sein. Man kann sich dann z. B. hauptsächlich auf narrativ-biographische Interviews stützen, in denen ja auch Erfahrungen mit höheren Sozialebenen geschildert bzw. implizit angedeutet werden. Da hierdurch die forschungspraktische Komplexität zunächst einmal abnimmt, lässt sich die Zahl der Erhebungen ohne weiteres erhöhen.

Die Erhöhung der Fallzahl ist insbesondere im Rahmen der dokumentarischen Methode von Vorteil. Denn obgleich ich in Abschnitt 5.5 davon gesprochen habe, dass man einzelne Fälle typologisch situieren kann, muss man für das hier vertretene Auswertungsverfahren davon ausgehen, dass für die Entwicklung von Typiken üblicher Weise pro Typus mehrere Fälle vonnöten sind.[35] Wie in Kapitel 3.1 gezeigt, lässt sich ein Typus ja nur dann generieren, wenn der in Frage stehende Orientierungsrahmen dadurch vom Fall abgelöst werden kann, dass man einen ganz ähnlichen Orientierungsrahmen in anderen Fällen entdeckt und die diesen minimalen Kontrast übergreifenden Gemeinsamkeiten des Orientierungsrahmens zu dessen Typisierung heranzieht. Es ist daher davon auszugehen, dass für jede Entität auf einer höheren Sozialebene wesentlich mehr Fälle auf der unteren Ebene zur Analyse herangezogen werden müssen als dies durch Abbildung 12 suggeriert wurde.

Angesichts der erhöhten Fallzahl macht es keinen Sinn mehr, jeden Fall einzeln in der Typik bzw. in den Typiken zu situieren. Dies schon deshalb, weil jeder einzelne Typus (als spezifische Ausprägung einer Typik) ja – wie gesagt – normaler Weise nicht auf lediglich einen Fall, sondern auf mehrere Fälle zurückzuführen ist. Daher sollten Fälle (die zu einer Entität auf höherer Ebene gehören), welche in ähnlicher Weise typologisch situiert sind, in Gruppen zusammengefasst werden.

Solche *„typologisch situierten Fallgruppen"* (Nohl 2009, S. 101) lassen sich gerade dann relativ leicht bilden, wenn auf dieser Ebene bereits Typologien im Sinne

---

35   Helsper et al. (2001 u. 2009) sowie Böhme (2000) und Kramer (2002) orientieren sich dagegen weitgehend an der objektiven Hermeneutik, weshalb sie auch dazu tendieren, eher die Fälle selbst denn Falldimensionen zu typisieren.

einer soziogenetischen oder relationalen Typenbildung entwickelt worden sind. Denn wie in Kapitel 3 theoretisch und in Kapitel 4 am konkreten Forschungsbeispiel aus der Studiengruppe „Kulturelles Kapital in der Migration" (Nohl et al. 2010a) gezeigt wurde, zeichnen sich soziogenetische und relationale Typologien dadurch aus, dass die Überlappung unterschiedlich dimensionierter Typen gleich in mehreren Fällen empirisch gezeigt werden kann. Zum Beispiel wurde eine typische Relation zwischen einem spezifischen Migrationsmotiv, einer typischen Verwertungsform von Wissen und Können sowie bestimmten Phasen der Statuspassage nicht nur im Fall des Arztes Nazar, sondern auch bei anderen Fällen (die Ärzte Uslu u. Singh) herausgearbeitet. Insofern bilden diese drei Ärzte eine typologisch situierte Fallgruppe, die sich etwa von der typologisch situierten Fallgruppe derjenigen Migrantinnen, die eine prekäre Balance zwischen Migrationsmotiven und eingeschränkten Verwertungsmöglichkeiten für ihr Wissen und Können eingehen (Guzman-Berg, Piwarski und Donato), unterscheiden lässt (siehe Abbildung 13).

Die Typiken, die in den beiden Entitäten entwickelt werden, beziehen sich zwar auf dieselben Dimensionen (in der Abbildung durch die Übereinstimmung der Winkel der Geraden auf der zweiten Ebene angedeutet), sie unterscheiden sich gleichwohl in gewissen Zügen voneinander (angedeutet durch die unterschiedliche Lage dieser Geraden). So ist jede Fallgruppe der Entität A auf die ihr eigene Weise in der Typologie der zweiten Ebene situiert. Es lassen sich dabei gewisse Homologien, wenngleich nicht völlige Übereinstimmungen, mit der typo-

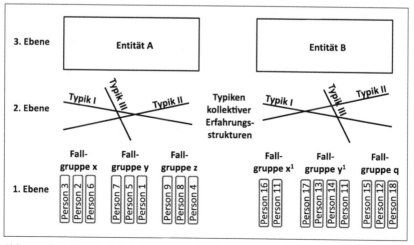

Abb. 13 Typologisch situierte Fallgruppen im Mehrebenenvergleich

logischen Situierung bestimmter Fallgruppen der Entität B identifizieren. Für die Fallgruppe z aber können keine ähnlich typologisch situierten Fallgruppen in der Entität B gefunden werden.

Dieses Suchen nach vergleichbaren Fallgruppen könnte man als „Juxtaposition", als Nebeneinanderstellen, bezeichnen.[36] Anstatt jedoch bei der Juxtaposition theoretisch definierte Gruppen einfach einander gegenüber zu stellen, greifen wir auf empirisch rekonstruierte, nämlich typologisch situierte Fallgruppen zurück. Statt einer *theoretisch* inspirierten Juxtaposition geht es also um eine *empirisch basierte Juxtaposition*.

Nach der empirischen Juxtaposition beginnt die ebenenübergreifende Analyse nun damit, dass Fälle aus der Fallgruppe x mit Fällen aus der Fallgruppe x^1 verglichen werden. Auf diese Weise lässt sich eruieren, wie sich die Entität A in den Erfahrungen der Fallgruppe x im Kontrast zu den Erfahrungen der Fallgruppe x^1 mit der Entität B niederschlägt. Bis zu diesem Punkt kann in der komparativen Analyse aber noch nicht zwischen den auf die dritte Ebene bezogenen Erfahrungen einerseits und den bereits typisierten kollektiven Erfahrungsstrukturen der zweiten Ebene andererseits empirisch unterschieden werden. Erst wenn die empirische Analyse auf den Vergleich zwischen weiteren kompatiblen Fallgruppen der beiden Entitäten (z. B. y und y^1) ausgeweitet wird, kann man identifizieren, welche Erfahrungsstrukturen der zweiten und welche der dritten Ebene zuzurechnen sind.[37] Dabei sind auch diejenigen Fallgruppen z und q zu berücksichtigen, die nicht miteinander vergleichbar sind; diese Fallgruppen verweisen gerade auf spezifische Besonderheiten der jeweiligen Entität, der sie zugehörig sind. Mit einer so ausgeweiteten komparativen Analyse lässt sich nun erkennen, welche Erfahrungsstrukturen allen Fallgruppen, die der Entität A zuzurechnen sind, gemeinsam sind und sich wiederum zugleich von Erfahrungsstrukturen, die allen Fallgruppen der Entität B gemeinsam sind, abgrenzen lassen.

Mit anderen Worten: Die Art und Weise, wie sich die Entitäten A und B in den Erfahrungen der Personen der ersten Ebene niederschlagen, lässt sich dadurch typisieren, dass diejenigen Aspekte, die spezifisch für den Kontext der typologischen Situierung einer jeden Fallgruppe sind, von den kontextübergreifenden, d. h. den in allen typologisch situieren Fallgruppen erkennbaren, Aspekten zu trennen sind. Erst durch diese Kontextuierung kann daher die Typenbildung

---

36   Pedro Rosselló spricht von einer „Juxtaposition", die den Vergleich erst vorbereitet (zit. n. Hilker, 1962, S. 121).

37   Man könnte hier einwenden, dass die Akteure selbst auf die sozialen Gebilde hinweisen, mit denen sie Erfahrungen machen. Allerdings kann man in der rekonstruktiven Sozialforschung solchen expliziten (häufig eigentheoretischen) Markierungen und Hinweisen nicht gänzlich trauen. Die impliziten Sinngehalte aber lassen sich erst in dem skizzierten Verfahren herausarbeiten.

auf der dritten Ebene, die sich auf die Erfahrungen mit den Entitäten A, B etc. bezieht, valide werden.[38]

5.7 Zusammenfassung

In der qualitativen Sozialforschung sind die Mehrebenenanalyse und der Mehrebenenvergleich ein bislang kaum reflektierter Ansatz, der aber gerade dann von besonderer Bedeutung ist, wenn man sich nicht auf die „mikrosoziale Ebene" beschränken will, sondern „durch die nicht subsumptionslogische Relationierung von sozialen Sinnebenen zwischen makrosozialen, institutionellen, milieuspezifischen, interaktiven und individuellen Bezügen ... Anschluss auch an makrosoziale Perspektiven und Makrotheorien des Sozialen" gewinnen möchte (Helsper et al. 2010, S. 131). Wie die Ausführungen in dem vorliegenden Kapitel gezeigt haben, bedarf eine solche Mehrebenenanalyse, zumal wenn sie vergleichend angelegt ist, jedoch eines komplexen grundlagentheoretischen wie methodologisch fundierten Designs.

Hier ist zunächst einmal zu betonen, dass – wie in Abschnitt 5.3 gezeigt – eine auf mehreren Ebenen agierende empirische Forschung präzise, aber zugleich der empirischen Analyse nicht vorgreifende Begriffe und Konzepte zu den verschiedenen Aggregatsebenen des Sozialen benötigt. Diese formalen Begriffe und Konzepte (wie „persönlicher Habitus", „Institution", „Milieu" oder „Organisation"), die von Gegenstandstheorien zu unterscheiden sind, erlauben es, die Ebenen klar voneinander zu differenzieren, sie aber auch aufeinander zu beziehen (grundlagentheoretische Relationierung).

Letzteres ist gerade dann besonders wichtig, wenn – wofür Helsper et al. (2010, S. 128) plädieren – jede Analyseebene dadurch besonders zur Geltung gebracht wird, dass man in ihr angemessene, „aussagekräftige und typische" Erhebungsverfahren gebraucht. Während diese Erhebungen und die an sie anschließenden Auswertungen die Eigenlogik der jeweiligen Analyseebene widerzuspiegeln vermögen, kommt es dann darauf an, die Ebenen auch im empirischen Material aufeinander zu beziehen (empirische Relationierung). Hierzu muss man rekonstruieren, wie sich die Strukturen einer höheren Sinnebene auf der jeweils niedrigeren Sinnebene niederschlagen, welcher (implizite) Sinn also den sozialen Gebilden einer höheren Ebene auf einer unteren Ebene gegeben wird. In dieser Hinsicht ist die empirische Relationierung zunächst nur von unten nach oben zu realisieren,

---

38 Zur kontextuierten Typenbildung im Rahmen des länderübergreifenden Vergleichs siehe auch Nohl 2009 u. Weiß/Nohl 2012.

während ungeklärt bleibt, welche Relevanz die Fälle auf unteren Sozialebenen für die höhere Ebene haben.

Noch weniger als die Mehrebenenanalyse ist bislang der Mehrebenen*vergleich* reflektiert, obgleich hierzu durchaus Forschungserfahrungen vorliegen. In einem Mehrebenenvergleich ist vor allem die Relationierung der Sinnebenen untereinander sowie der Fälle innerhalb einer Sinnebene komplexer angelegt. Dies gilt sowohl für methodentriangulierende Herangehensweisen – die sicherlich den Königsweg des Mehrebenenvergleichs darstellen – als auch für monomethodische Ansätze, in denen jene Ebenen, für die nicht eigens Erhebungen angestellt werden, weniger prägnant zur Geltung kommen.

Ein *begrenzter* Mehrebenenvergleich lässt sich dann realisieren, wenn man nur jene Fälle einer niedrigeren Sozialebene in die komparative Analyse einbezieht, die einem sozialen Gebilde auf einer höheren Ebene angehören. Die komparative Analyse wird dann dadurch fortgeführt, dass man auch die Gebilde einer höheren Sozialebene miteinander vergleicht, sofern diese wiederum auf der nächsthöheren Ebene einer Entität angehören. Fälle miteinander zu vergleichen, die auf der nächsthöheren Ebene *unterschiedlichen* Entitäten angehören, ist mit diesem begrenzten Mehrebenenvergleich jedoch auf empirisch valide Weise nicht möglich.

Erst dann, wenn man den Vergleich auf einer höheren Ebene mit der Typenbildung auf einer niedrigeren Ebene verkoppelt, kann man die komparative Analyse breiter anlegen. Denn erst so lassen sich die empirischen Ergebnisse des Vergleichs der einen oder anderen Ebene differenziert zurechnen. Dies beginnt damit, dass in der vergleichenden Rekonstruktion der Fälle einer unteren Ebene, die einer Entität auf einer höheren Ebene angehören, Typiken gebildet werden, die es erlauben, die Fälle oder – dort, wo es sich um eine größere Anzahl von Fällen handelt – die Fallgruppen typologisch zu situieren. Wenn es gelingt, auch diejenigen Fälle und Fallgruppen, die anderen Entitäten auf der höheren Ebene angehören, in vergleichbaren Dimensionen typologisch zu situieren, kann man über die unterschiedlichen Entitäten der höheren Ebene hinweg solche Fälle und Fallgruppen miteinander vergleichen, die in ähnlicher Weise typologisch situiert sind.

Mithilfe der *typologisch situierten Fälle* und *Fallgruppen* wird die empirische Analyse – gleich ob sie sich auf die Passungsverhältnisse zwischen den Ebenen oder auf den Niederschlag der höheren Sozialebene in den Erfahrungen der niedrigeren Ebene beziehen – so weit vorangetrieben, dass man *kontextuierte* Typiken entwickeln kann. Die Typik, die man im Vergleich der sozialen Gebilde einer Ebene (etwa zwischen unterschiedlichen Schulen) bildet, lässt sich insofern kontextuieren, als dass sie auf die Typiken, die auf einer niedrigeren Ebene entwickelt wurden (etwa hinsichtlich der Schülerbiographien), bezogen wird.

In einem *methodentriangulierenden* Ansatz können so diejenigen Aspekte der Passungsverhältnisse zwischen den Ebenen des Sozialen, die auf den Kontext bestimmter typologisch situierter Fälle und Fallgruppen beschränkt sind, von kontextübergreifenden, d. h. in allen typologisch situierten Fällen und Fallgruppen der jeweils niedrigeren Sozialebene auffindbaren, Aspekten unterschieden werden. So lassen sich für jedes soziale Gebilde der höheren Ebene typische Passungsverhältnisse zur unteren Ebene, die kontextübergreifend sind, identifizieren.

In einem *monomethodischen* Ansatz kann es dagegen nur darum gehen, wie die Strukturen höherer Sozialebenen auf einer niedrigeren Ebene erfahren und sinnhaft gemacht werden. Hier werden wiederum unter Rückgriff auf die typologisch situierten Fälle und Fallgruppen diejenigen Aspekte der Erfahrung, die für den Kontext bestimmter typologisch situierter Fälle und Fallgruppen spezifisch sind, von solchen Aspekten unterschieden, die über unterschiedliche typologisch situierte Fälle und Fallgruppen hinweg identifiziert werden können. Die Typik, die sich darauf bezieht, wie soziale Gebilde einer höheren Ebene auf einer niedrigeren Ebene erfahren und sinnhaft gemacht werden, wird also dadurch kontextuiert, dass sie an die typologischen Situierungen auf der niedrigeren Ebene anknüpft. Im folgenden Kapitel werde ich den Mehrebenenvergleich anhand eines monomethodisch angelegten Forschungsbeispiels weiter erläutern.

Zur Praxis des Mehrebenenvergleichs in einem internationalen Forschungsprojekt   **6**

In diesem Kapitel möchte ich auf knappem Raum einige Einblicke in die Forschungspraxis des Mehrebenenvergleichs geben. Ich werde zeigen, wie in einer monomethodischen Vorgehensweise, nämlich anhand von narrativen Interviews, komparative Analysen und Typenbildungen auf mehreren Ebenen des Sozialen in breitem Umfang angestellt werden können. Dabei wird insbesondere die Bedeutung typologisch situierter Fallgruppen hervorgehoben.

Auch wenn gemäß der Kapitelstruktur dieses Buches die Forschungspraxis nach den methodologischen Erörterungen zum Mehrebenenvergleich dargestellt wird, bedeutet dies doch keineswegs ein entsprechendes Ableitungsverhältnis. Vielmehr standen die Erfahrungen, die wir in der Studiengruppe „Kulturelles Kapital in der Migration" (vgl. Nohl et al. 2006 u. 2010a) gesammelt haben, und insbesondere die Probleme des Vergleichs zwischen unterschiedlichen Statusgruppen und Ländern, den wir uns zur Aufgabe gemacht hatten, am Anfang der hier vorgestellten Überlegungen.

Zur Erinnerung: In der Studiengruppe wurde die Frage untersucht, wie Migrant(inn)en ihre akademischen Abschlüsse auf dem Arbeitsmarkt des Einwanderungslandes verwerten. Um diese Fragestellung empirisch zu untersuchen, wurden ausgewählte, theoretisch definierte Statusgruppen von Migrant(inn)en miteinander verglichen. Diesen Statusgruppen ist zwar gemeinsam, dass alle Migrant(inn)en, mit denen wir narrative Interviews geführt haben, in einem von drei Bereichen qualifiziert sind, namentlich im Gesundheitswesen, im IT-Bereich oder im Management bzw. Consulting. Doch unterscheiden sich die Statusgruppen hinsichtlich ihrer Bildungs- und Aufenthaltstitel: Der Schwerpunkt der empirischen Analyse lag auf hochqualifizierten Personen. Bei diesen Hochqualifizierten unterschieden wir zwischen sogenannten Bildungsinländer(inne)n und Bildungsausländer(inne)n, welche ihren letzten Bildungstitel vor der Mi-

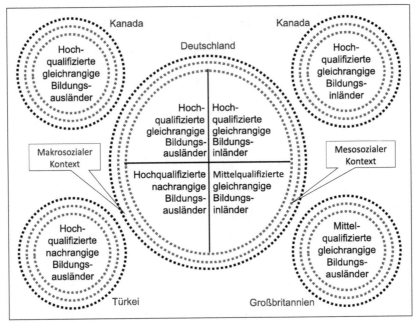

Abb. 14   Statusgruppen und Länder im Vergleich (Quelle: Nohl et al. 2006)

gration erworben haben. Um die Optionen, Strategien und Bewältigungsformen ihrer Statuspassagen vergleichend zu untersuchen, bezogen wir außerdem Personen ein, die über einen Aufenthaltstitel verfügen, der ihnen nur einen nachrangigen Zugang zum Arbeitsmarkt erlaubt. Demgegenüber haben die bislang genannten Statusgruppen einen den Deutschen gleichrangigen Arbeitsmarktzugang. Darüber hinaus untersuchten wir eine Statusgruppe von mittelqualifizierten Bildungsinländer(inne)n, die also hinsichtlich ihres Bildungstitels gegenüber dem restlichen Sample kontrastieren (Abbildung 14).

Im internationalen Vergleich ging es uns nun darum, anhand der Erfahrungen von Migrant(inn)en, aber auch mittels ergänzend herangezogener empirischer Daten (Dokumente zur Politik und Gesetzgebung, Statistiken), meso- und makrostrukturelle Kontexte der Übergänge in den Arbeitsmarkt zu analysieren. Mit meso- und makrostrukturellen Kontexten meinten wir u. a. Netzwerke, kommunalpolitische Fördermaßnahmen und institutionelle Rahmenbedingungen. Die Spezifik der meso- und makrosozialen Kontexte in Deutschland sollte dabei herausgearbeitet werden, indem Deutschland mit anderen Ländern, genauer: mit Kanada, Großbritannien und der Türkei, verglichen wurde. Hier ist der Unterschied, der beim Beobachten und Vergleichen gemacht wurde, also auf die staatliche Arbeitsmarkt- und Migrationspolitik bezogen, wobei wir die Länder nicht insgesamt, sondern immer nur in Bezug auf spezifische Statusgruppen verglichen.

Mit dem Bezug auf die vor der empirischen Analyse theoretisch definierten Statusgruppen und mit der Hintergrundannahme, dass sich zudem länderspezifische Unterschiede hinsichtlich des meso- und makrosozialen Kontextes würden zeigen lassen, haben wir zunächst einmal eine „kriteriengesteuerte Fallauswahl" (Kelle/Kluge 2010, S. 43) ermöglicht. Wir sind dabei dem Interesse gefolgt, „in den theoretischen Vorüberlegungen als relevant erachtete Merkmale, wie beispielsweise sozialstrukturelle Bedingungen eines Phänomens, gezielt zu erforschen und entsprechende Kriterien für eine Fallauswahl bereits vor der Erhebungsphase festzulegen" (Schittenhelm 2009, S. 9). Schittenhelm warnt allerdings davor, dass sich mit dieser Vorgehensweise ein „erklärtes Ziel qualitativer Verfahren der Sozialforschung – die Exploration, um neue, nicht vorhersehbare Einblicke in den Gegenstand der Untersuchung zu gewinnen – ... auf diesem Wege nur eingeschränkt verwirklichen" lässt (ebd., S. 10).

Insofern war es nicht nur ein Problem, sondern auch eine Chance, unvorhersehbare ‚Einblicke in den Gegenstand' zu gewinnen, als sich mit dem Einstieg in die Praxis der empirischen Forschung die Eindeutigkeit der skizzierten theoretisch definierten Statusgruppen wie auch des Ländervergleichs alsbald auflöste. Denn schon in Deutschland fanden wir in jeder Statusgruppe diverse biographische Verläufe: So trafen wir in der Statusgruppe der hochqualifizierten Bildungsausländer mit gleichberechtigendem Arbeitsmarktzugang, auf die ich ja schon in Kapitel 4 eingegangen bin, auf Ärzte, die eine Praxis in einem Migrantenquartier besaßen (z. B. Herrn Nazar), wie auch auf Naturwissenschaftlerinnen in gesundheitsbezogenen Anwendungsbereichen, deren Wissen und Können transnational einsetzbar war (z. B. Frau Yan), aber auch auf Migrantinnen, die eine prekäre Balance zwischen ihren Migrationsmotiven und den ihnen möglichen Verwertungsformen von Wissen und Können hielten (z. B. Frau Guzman-Berg). Wir trafen weiterhin auf Heiratsmigranten, auf Personen, die mit Qualifizierungsabsichten nach Deutschland kamen, auf solche, die ihre materiellen Lebensumstände verbessern wollten, und auf Flüchtlinge.

Wir hätten nun von dieser Binnenheterogenität absehen und uns alleine auf jene Phänomene konzentrieren können, die alle Migrant(inn)en der einen Statusgruppe von jenen der anderen Statusgruppe unterscheiden. Auf recht abstraktem Niveau hätten wir sicherlich derartige Unterschiede gefunden und sie dann auch einem unserer Vergleichsgesichtspunkte (Höhe und Erwerbsort des letzten Bildungstitels und rechtliche Möglichkeiten des Arbeitsmarktzugangs) zurechnen können.[39] Zum Beispiel hätten wir Phänomene gefunden, die sich nur bei den Bildungsausländern, nicht aber bei den Bildungsinländer(inne)n finden lassen. Eine solche Vorgehensweise aber wäre alleine durch einen theoretisch gesetzten Vergleichsgesichtspunkt und die entsprechende Bildung von Fallgruppen entlang theoretisch definierter Merkmale angeleitet worden. Sie hätte das, was vorab der Forschung ohnehin schon vermutet wurde – dass etwa der Ort des Erwerbs eines Bildungstitels einen Unterschied macht – lediglich bestätigt oder widerlegt.

Anstatt auf eine Bestätigung oder Widerlegung unserer Vorannahmen hinzuarbeiten, haben wir uns den Unwägbarkeiten einer komparativen Analyse anvertraut, die bereits innerhalb der jeweiligen Statusgruppe beginnt. Die nun empirisch neu zu entdeckenden Gesichtspunkte, die unsere vergleichenden Interpretationen *innerhalb* einer jeden Statusgruppe leiteten, konstituierten sich in der jeweiligen Gemeinsamkeit, vor deren Hintergrund sich Unterschiede zwischen den einzelnen Fällen abzeichnen. In Kapitel 4 habe ich gezeigt, wie wir für die gleichberechtigten Bildungsausländer/innen in Deutschland die entscheidenden Dimensionen, an die unsere (relationale) Typenbildung anknüpfen sollte, fanden. Die unterschiedlichen Formen, in denen das akademische Wissen und Können auf dem Arbeitsmarkt verwertet wurde, wie auch die Phasen des Übergangs (der Statuspassage) in das neue Land mit seinem Arbeitsmarkt, und die biographischen Orientierungen, die zur Migration oder zum Verbleib im Aufnahmeland führten, erwiesen sich hier als von entscheidender Bedeutung.[40] Solche mehrdimensionalen Typologien ziehen sich sozusagen quer durch die Fälle und geben ein differenzierteres Bild der jeweiligen Statusgruppe. Gerade dieses typologisch differenzierte Bild der Statusgruppen macht es aber zugleich unmöglich, die theoretisch entworfenen Statusgruppen unmittelbar – also unter Absehung von den Typologien der unteren Ebene – miteinander zu vergleichen.

Daher beginnt der Vergleich *zwischen* den Statusgruppen *unterhalb* der Ebene der theoretisch entworfenen Vergleichsgesichtspunkte und zieht zunächst biographische Verläufe von Migrant(inn)en aus einer Statusgruppe heran, die insofern miteinander vergleichbar sind, als dass sie homologe Positionen in einer oder (besser noch) mehreren Typiken aufweisen. Zum Beispiel ziehen wir solche gleichberechtigten hochqualifizierten Bildungsausländer/innen heran, die über ähnliche Migrationsmotive verfügen und ihr kulturelles Kapital auf eine ähnliche Weise – etwa als Ärzte, die Migranten behandeln – verwerten. Wir nennen diese

---

39   Siehe zur Problematik des Vergleichsgesichtspunkts bzw. tertium comparationis in der dokumentarischen Methode Nohl 2007, und im Ländervergleich: Nohl 2009.

40   Siehe für die Analysen zu dieser, vor allem aber auch der anderen Statusgruppen die Reihe „Cultural Capital During Migration Research Paper" auf www.cultural-capital.net sowie die Beiträge in Nohl et al. 2010a.

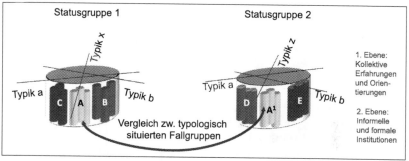

Abb. 15   Vergleich typologisch situierter Fallgruppen bei theoretisch definierten Statusgruppen

homologen Fälle eine *typologisch situierte Fallgruppe* (siehe Kap. 5.6). Diese Fallgruppe A lässt sich innerhalb der Statusgruppe in typologischer Hinsicht von anderen Fallgruppen abgrenzen, etwa von solchen Managern, deren akademisches Wissen und Können nicht unmittelbar Anerkennung fand und die daher einen längeren Weg der Adaption an die Erwartungen auf dem deutschen Arbeitsmarkt gingen (Fallgruppe B). Für die typologisch situierten Fallgruppen suchen wir dann vergleichbare Fallgruppen in einer zweiten Statusgruppe, etwa bei den nachrangigen Bildungsausländer(inne)n (Abbildung 15).

Wie in Abbildung 15 deutlich wird, ließ sich nur für die Fallgruppe der Ärzte (A und A[1]), die ihr akademisches Wissen und Können unter starkem Bezug auf Patient(inn)en aus ihrer Herkunftsregion vermarkteten, ein Vergleich durchführen, der auf Gemeinsamkeiten der typologischen Situierung basiert. Für die anderen Fallgruppen konnte eine solche Vergleichbarkeit hinsichtlich der typologischen Situierung nicht erreicht werden. Dass sich trotz intensiver Suche in der Statusgruppe der nachrangigen Bildungsausländer/innen kaum Fälle fanden, die eine den gleichrangigen Bildungsausländer(inne)n vergleichbare Einmündung in den Arbeitsmarkt schafften, dagegen aber Fallgruppen identifiziert wurden, die in unqualifizierter oder/und undokumentierten Arbeitsverhältnissen angesiedelt waren, verweist für sich genommen bereits auf die scharfen Kontraste zwischen diesen Statusgruppen und auf die hohe Bedeutung des rechtlichen Zugangs zum Arbeitsmarkt.[41]

---

41 Siehe für den Vergleich zwischen gleichrangigen und nachrangigen Bildungsausländer(inne)n Nohl/Weiß 2009 und für die Einmündungsformen bei den Nachrangigen die einschlägigen Beiträge von Weiß und von Hausen in Nohl et al. 2010a.

Je mehr typologisch situierte Fallgruppen man in die komparative Analyse der beiden Statusgruppen (nach- und gleichrangige Bildungsausländer/innen) einbeziehen kann (selbst wenn dabei deutlich wird, dass die Fallgruppen sehr unterschiedlich sind), desto eher gelingt es, empirische Aussagen dazu zu treffen, welche Bedeutung dem Aufenthaltstitel und dem rechtlichen Zugang zum Arbeitsmarkt zukommt.

Auch die empirischen Aussagen, die im Statusgruppenvergleich getroffen werden, können in Form von Typiken, nämlich in Typiken zur Bedeutung von Aufenthaltstitel, Bildungstitel und -ort formuliert werden. Diese Typiken sind auf einer anderen Ebene angesiedelt als die Typiken, die wir innerhalb einer jeden Statusgruppe herausgearbeitet haben. Man kann – sieht man einmal von der Ebene der individuellen Fälle ab – bei den statusgruppeninternen Typiken von der ersten Ebene und bei den Typiken, die sich auf die Unterschiede zwischen Statusgruppen beziehen, von der zweiten Ebene sprechen.

In unserem Projekt war die erste Sozialebene zunächst theoretisch nicht fest definiert, da die hohe Heterogenität innerhalb der Statusgruppe ja so nicht antizipiert worden war. Wie sich in Kapitel 4 (im Beispiel zur relationalen Typenbildung) schon andeutete, bezieht sich diese Aggregatsebene vornehmlich auf kollektive Erfahrungs- und Orientierungsmuster, die noch nicht organisatorisch überformt und in der Gesellschaft auch kaum präsent bzw. bekannt sind.

Demgegenüber sind die typischen Ausprägungen, die wir auf der zweiten Ebene herausgearbeitet haben, stark institutionalisiert. Hinsichtlich der Aufenthaltstitel und des formalen Zugangs zum Arbeitsmarkt lässt sich von einer formalen, rechtlichen Institutionalisierung sprechen, während die Anerkennung, die den Bildungstiteln und dem Ort ihres Erwerbs gezollt wird, zum Teil (bei den Ärzten) rechtlich kodiert ist, zum Teil (etwa bei den Managern) auch informeller Art ist.[42]

Die Typiken, die wir auf der ersten Ebene entwickelt haben, kontextuieren die Typiken der zweiten Ebene. Durch diese Kontextuierung wird deutlich, im Kontext welcher (statusgruppeninternen) typologisch situierten Fallgruppen sich die Typiken der zweiten Ebene wie ausprägen. Es geht hier *erstens* darum, solche Kontexte zu identifizieren, in denen es zu schwachen oder starken Ausprägungen der Typik der zweiten Ebene kommt. Zum Beispiel konnte im Vergleich zwischen gleich- und nachrangigen Bildungsausländer(inn)en gezeigt werden, dass der rechtliche Zugang zum Arbeitsmarkt dort weniger relevant ist, wo Ärzte und Ärztinnen ihr akademisches Wissen und Können unter starkem Bezug auf

---

42 Die hier nur angedeutete theoretische Rahmung unseres Projektes haben wir vor allem in Bezug auf Bourdieus Konzept des kulturellen Kapitals ausgearbeitet (vgl. Nohl et al. 2006 u. 2010a).

Patient(inn)en aus dem eigenen Herkunftsland oder allgemein mit Migrationshintergrund verwerten. Demgegenüber lässt sich zeigen, dass für die Gruppe der
Manager/innen, die erst allmählich ihr Wissen und Können an die Erwartungen
des Arbeitsmarktes anpassen, ein gegenüber Einheimischen gleichberechtigter
Zugang von hoher Bedeutung ist, gab es doch im ganzen Sample der nachrangigen Bildungsausländer(inne)n keinen einzigen vergleichbaren Fall.

Neben der Kontextuierung einer Typik durch die Typik anderer Ebenen geht
es aber *zweitens* darum, die jeweiligen Kontexte detaillierter zu rekonstruieren.
So wurde im Vergleich zwischen Bildungs*in*länder(inne)n und -*aus*länder(inne)n,
die als Mediziner/innen ihr kulturelles Kapital unter starkem Bezug auf einen Pa-
tientenstamm aus dem Herkunftsland oder mit Migrationshintergrund im Allgemeinen verwerten, ein signifikanter Unterschied deutlich, der nicht unmittelbar durch den Ort, an dem man seinen Bildungstitel erworben hat, impliziert ist:
Während bei den Bildungsinländer(inne)n, genauer: bei der Nachfolgegeneration
der Arbeitsmigrant(inn)en, dieser enge Bezug zum Herkunftsland unmittelbar
an Ethnisierungs- und Marginalisierungserfahrungen im Zuge der Sozialisation
in Deutschland anknüpft und insofern als höchst problem- und konfliktgeladen
erlebt wird, sehen die Bildungsausländer/innen, die ja erst im Erwachsenenalter
nach Deutschland migriert sind, kaum eine Verbindung des Herkunftslandbezugs
zu ihrer sozialisatorisch erworbenen Identität (vgl. Nohl/Schittenhelm 2009).

Durch die Identifizierung der *kontextabhängigen* (weil von Fallgruppe zu Fallgruppe unterschiedlichen) Aspekte der Typiken auf der zweiten Ebene lassen sich
dann auch die *kontextübergreifenden* (weil den unterschiedlichen Fallgruppen gemeinsamen) Aspekte der Typiken der zweiten Ebene zeigen.

Der Ländervergleich, der die dritte Ebene unserer Typenbildung vorbereitet
(siehe Abbildung 16), knüpft an die komparativen Analysen und Typenbildungen
auf den ersten beiden Ebenen an. Dies bedeutet, dass die Länder nicht als Totalitäten miteinander verglichen werden, sondern in Bezug auf spezifische Statusgruppen. Zum Beispiel wird nicht Deutschland mit Kanada verglichen, sondern
die Erfahrungen der gleichrangigen Bildungsausländer/innen in Deutschland mit
denen in Kanada. Diese komparative Analyse beginnt – wie schon die Vergleiche
auf der vorangegangenen Ebene – mit ähnlichen typologisch situierten Fallgruppen, d. h. mit Fällen, die aufgrund ähnlicher Positionierungen in den statusgruppeninternen Typiken vergleichbar sind.

Für zwei typologisch situierte Fallgruppen, die in der Statusgruppe der gleichrangigen Bildungsausländer/innen in Deutschland identifiziert worden waren,
ließen sich vergleichbare Fälle bzw. Fallgruppen in derselben Statusgruppe in Kanada finden: 1. Während die Manager/innen, die in Deutschland ihr Wissen und
Können allmählich den Erwartungen des Arbeitsmarktes anpassten, von Anfang
an in qualifizierten Positionen arbeiteten, begannen die in ihrem Heimatland als

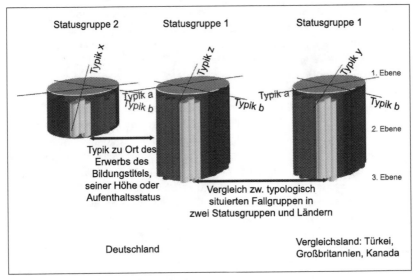

Abb. 16   Kontextuierter Ländervergleich

Manager/innen ausgebildeten bzw. beschäftigen Migrant/innen in Kanada zunächst in unqualifizierten Positionen (etwa als Kellner/in), um zu erwerben, was im Aufnahmeland zumeist als unabdingbar erachtet wird, nämlich: „Canadian work experience". Erst nach Erfüllung dieser Voraussetzung gelangten sie in qualifikationsadäquate Stellen. Über die Ländergrenzen hinweg gemeinsam ist dieser typologisch situierten Fallgruppe jedoch die hohe Bedeutung der Landessprache. 2. Die Landessprache erhielt bei den Ärzt(inn)en indes einen unterschiedlichen Stellenwert. Während in Kanada die Kenntnis der jeweiligen Landessprache sehr wichtig ist, haben in Deutschland – wie gezeigt – die von uns (in Metropolen) befragten Mediziner/innen ausländischer Herkunft ihre Expertise vor allem in Praxen genutzt, die von Patient(inn)en aus demselben Sprachraum bzw. mit Migrationshintergrund frequentiert wurden. Trotz dieses Unterschiedes gab es aber eine zentrale Gemeinsamkeit, die die die Ärzt/innen von den Manager(inne)n unterschied: Sowohl in Kanada als auch in Deutschland sind ausländische Ärzte und Ärztinnen aufgrund des Professionsrechts einer längeren Prozedur der rechtlichen Anerkennung, des Novizenstatus und schließlich der Zulassung unterworfen.[43]

---

43   Die Details dieses Ländervergleichs, zu dem auch noch eine dritte Fallgruppe gehört, sind in Nohl 2010a nachzulesen.

Innerhalb eines solchen Mehrebenenvergleichs lassen sich also auch Unterschiede zwischen Ländern herausarbeiten. Doch wie das o.g. Beispiel zeigt, finden sich im Vergleich zwischen den Statusgruppen in Kanada und Deutschland keine Differenzen, die alle Fallgruppen übergreifen und damit auf ‚typisch deutsche' oder ‚typisch kanadische' Aspekte der Arbeitsmarktinklusion hochqualifizierter, gleichberechtiger Bildungsausländer/innen hinweisen würden.

Mehrebenenvergleiche, die auf eine solchermaßen komplexe Typologie zielen, welche auf mehreren Ebenen angesiedelt ist, wirken der Gefahr jener „Dekontextualisierung" (Steiner-Khamsi 2003, S. 395) entgegen, die jedem unterläuft, der nur auf einer Ebene komparative Analysen anstellt. Ausschließlich Länder miteinander zu vergleichen, würde die Binnenheterogenität aus den Augen verlieren lassen, die etwa zwischen Bildungsin- und -ausländer(inne)n innerhalb eines Landes evident wird. Indem aber der Ländervergleich (3. Ebene) auf den Vergleich der Statusgruppen (2. Ebene) zurückgreift, wird er kontextualisiert. Und der Statusgruppenvergleich selbst ist wieder durch die komparativen Analysen und Typenbildungen innerhalb einer jeden Statusgruppe (1. Ebene) wie auch durch den Ländervergleich (3. Ebene) kontextualisiert (vgl. Nohl 2009, Weiß 2010, Weiß/ Nohl 2012).

In dieser Hinsicht lässt sich mit dem Mehrebenenvergleich (neben anderen Anwendungsgebieten) eine Rekontextualisierung internationaler Studien vorantreiben, denen ansonsten die Gefahren eines „methodologischen Nationalismus" (Wimmer/Glick Schiller 2002) drohen würden. Gerade in Forschungsarbeiten, die zum Ziel haben, nationalstaatlich regulierte Felder wie die Einwanderung zu untersuchen, werden die nationalstaatlichen Grenzen bisweilen als selbstverständlich erachtet und „definieren die Untersuchungseinheit" (ebd., S. 578). Diesen Gefahren begegnet der Mehrebenenvergleich, indem – mit dem Ziel einer „polykontexturalen" (Vogd 2005, S. 65) bzw. „Mehrebenentypologie" (Schriewer 1988, S. 38) – auf unterschiedlichen Ebenen angesiedelte Typologien zueinander relationiert werden.

Mehrebenenanalysen und -vergleiche dienen in der empirischen Sozialforschung dazu, der Überschätzung oder gar Totalisierung einer Sozialebene entgegenzuwirken. Dies gilt nicht nur für den „methodologischen Nationalismus", der den Nationalstaat überprononciert (siehe Kapitel 6), sondern auch für alle anderen Ebenen des Sozialen, auf denen empirische Untersuchungen (mit ihren jeweiligen Erhebungsverfahren) ansetzen: Eine reine Biographieanalyse mittels narrativer Interviews ließe die Einbettung von Lebensgeschichten in Milieus aus dem Blick, ebenso wie eine Milieuanalyse (mittels des Gruppendiskussionsverfahrens), die die Einbindung der Milieuangehörigen in unterschiedliche Organisationen des Bildungssystems bzw. des Arbeitsmarktes nicht berücksichtigt, die Ebene des Milieus totalisieren würde. Mit Hilfe von Mehrebenenanalysen und -vergleichen kann dieser Konzentration auf eine Untersuchungsebene entgegengewirkt werden, indem diese Ebene durch die Eigenlogiken anderer Sozialebenen kontextuiert wird.

In der dokumentarischen Methode erfolgt diese Kontextuierung auf dem Wege der Typenbildung, die auf unterschiedlichen Ebenen des Sozialen angesiedelt ist. Hier werden die Typiken der einen Ebene – unter Heranziehung homologer typologisch situierter Fallgruppen – durch die Typiken der anderen Ebene kontextuiert. Gerade dadurch, dass deutlich wird, wie die Typik auf der höheren Sozialebene variiert, je nachdem, zu welchen Typiken auf der niedrigeren Sozialebene die Fallgruppen gehören, wird zum einen die Kontextuierung der Typik deutlich; zum anderen zeichnen sich dann aber auch kontextübergreifende Aspekte der Typenbildung ab, die sozusagen über unterschiedliche typologisch situierte Fallgruppen der unteren Ebene hinweg sichtbar sind.

Während die Mehrebenenanalysen und -vergleiche Heterogenität als das Nebeneinander *unterschiedlicher* Sozialebenen widerspiegeln, dient die mehrdimensionale Typenbildung der dokumentarischen Methode dazu, dem Ineinander

unterschiedlicher Erfahrungs- und Orientierungsdimensionen auf *einer* Sozialebene Rechnung zu tragen. Anknüpfend an die (mehrdimensionale) sinngenetische Typenbildung wird mittels der soziogenetischen Typenbildung rekonstruiert,
wie Orientierungsrahmen in unterschiedlichen konjunktiven Erfahrungsräumen
(z. B. des Geschlechts, der Generation, aber auch eines organisationalen Erfah-
rungsraums) verankert sind. Mittels der relationalen Typenbildung wiederum
kann man analysieren, in welchen Zusammenhängen typische handlungsleitende
Orientierungen zueinander stehen, d. h. wie Orientierungen, die in unterschiedlichen Dimensionen angesiedelt sind, miteinander relationiert sind. Mit der Entdeckung typischer Relationen typisierter Orientierungen lassen sich gerade solche
Formen sozialer Heterogenität identifizieren, die (bislang) nicht zu den in der Gesellschaft etablierten und reflektierten Unterscheidungen gehören.

Meine Überlegungen zur relationalen Typenbildung wie auch zum Mehrebenenvergleich beziehen sich lediglich auf erste Forschungserfahrungen. Wie dies
allgemein in der rekonstruktiven Sozialforschung der Fall ist, werden auch diese
neuen Wege der dokumentarischen Methode noch weiter ausgearbeitet, ausdifferenziert und eventuell revidiert werden.[44] Von besonderem Interesse wird dabei sein, ob und wie sich die Prinzipien des Mehrebenenvergleichs auch innerhalb anderer Auswertungsverfahren anwenden lassen. Bezüglich der relationalen
Typenbildung, die bislang nur in der Auswertung narrativer Interviews genutzt
wurde, stellt sich die Frage, wie und mit welchen Modifikationen sie auch auf andere empirische Daten (z. B. Gruppendiskussionen, Bilder, Videos und öffent-
liche Diskurse) zu beziehen ist. Das vorliegende Buch habe ich in der Hoffnung
geschrieben, die Leser und Leserinnen dazu anzuregen, eigene Untersuchungen
mit diesen Wegen der dokumentarischen Methode zu unternehmen und mit ihrer
Kritik zu deren Weiterentwicklung beizutragen.

---

44 Eine erste Gelegenheit wird sich in der methodologischen Reflexion eines DFG-geförderten
    Projekts zu einer Curriculumreform in der Türkei bieten, bei der die Entstehung und Prak-
    tizierung dieser Reform auf unterschiedlichen Ebenen (vom Ministerium bis zu den Lehrer-,
    Schüler- und Elternmilieus von Einzelschulen) untersucht wird (vgl. Nohl 2010b).

Literaturverzeichnis 8

Böhme, Jeanette (2000): Schulmythen und ihre imaginäre Verbürgung durch oppositionelle Schüler. Bad Heilbrunn.

Bohnsack et al. (2010a) = Bohnsack, Ralf/Przyborsky, Aglaja/Schäffer, Burkhard (Hg.): Das Gruppendiskussionsverfahren in der Forschungspraxis. Opladen (2. Auflage).

Bohnsack et al. (2010b) = Bohnsack, Ralf/Pfaff, Nicolle/Weller, Wivian (Hg.): Qualitative Analysis and Documentary Method in International Educational Research. Opladen & Farmington Hills.

Bohnsack, Ralf (1983): Alltagsinterpretation und soziologische Rekonstruktion. Westdeutscher Verlag, Opladen.

Bohnsack, Ralf (1989): Generation, Milieu und Geschlecht – Ergebnisse aus Gruppendiskussionen mit Jugendlichen. Opladen.

Bohnsack, Ralf (1997): „Orientierungsmuster": Ein Grundbegriff qualitativer Sozialforschung. In: Schmidt, F. (Hg.): Methodische Probleme der empirischen Erziehungswissenschaft. Baltmannsweiler, S. 49–61.

Bohnsack, Ralf (2001): Dokumentarische Methode: Theorie und Praxis wissenssoziologischer Interpretation. In: Hug, Th. (Hg.): Wie kommt Wissenschaft zum Wissen? Baltmannsweiler, S. 326–345.

Bohnsack, Ralf (2005a): „Social Worlds" und „Natural Histories". Zum Forschungsstil der Chicagoer Schule anhand zweier klassischer Studien. In: Zeitschrift für qualitative Bildungs-, Beratungs- und Sozialforschung, H. 1, S. 105–127.

Bohnsack, Ralf (2005b): Standards nicht-standardisierter Forschung in den Erziehungs- und Sozialwissenschaften. In: Gogolin, I./Krüger, H.-H./Lenzen, D./ Rauschenbach, T. (Hg.): Standards und Standardisierungen in der Erziehungswissenschaft. Zeitschrift für Erziehungswissenschaft. Beiheft 4, S. 65–83.

Bohnsack, Ralf (2007a): Rekonstruktive Sozialforschung. Opladen (6. Auflage).

Bohnsack, Ralf (2007b): Typenbildung, Generalisierung und komparative Analyse. In: Bohnsack, R./Nentwig-Gesemann, I./Nohl, A.-M. (Hg.): Die dokumentarische Methode und ihre Forschungspraxis. Wiesbaden, S. 225–253.

Bohnsack, Ralf/Loos, Peter/Schäffer, Burkhard/Städtler, Klaus/Wild, Bodo (1995): Die Suche nach Gemeinsamkeit und die Gewalt der Gruppe. Hooligans, Musikgruppen und andere Jugendcliquen. Opladen.

Bohnsack, Ralf/Nentwig-Gesemann, Iris (2010) (Hg.): Dokumentarische Evaluationsforschung. Theoretische Grundlagen und Beispiele aus der Praxis. Opladen & Farmington Hills.

Bohnsack, Ralf/Nentwig-Gesemann, Iris/Nohl, Arnd-Michael (2013) (Hg.): Die dokumentarische Methode und ihre Forschungspraxis. Grundlagen qualitativer Sozialforschung. Wiesbaden.

Bohnsack, Ralf/Nohl, Arnd-Michael (1998): Adoleszenz und Migration – Empirische Zugänge einer praxeologisch fundierten Wissenssoziologie. In: Bohnsack, R./Marotzki, W. (Hg.): Biographieforschung und Kulturanalyse. Opladen, S. 260–282.

Bohnsack, Ralf/Nohl, Arnd-Michael (2007): Beispiel zur Textinterpretation: Die Sequenzanalyse der dokumentarischen Methode. In: Bohnsack, R./Nentwig-Gesemann, I./Nohl, A.-M. (Hg.): Die dokumentarische Methode und ihre Forschungspraxis. Wiesbaden, S. 303–307.

Bourdieu, Pierre (1983). Ökonomisches Kapital, kulturelles Kapital, soziales Kapital. In: Kreckel, R. (Hg.): Soziale Ungleichheiten (Soziale Welt Sonderband 2). Göttingen, S. 183–198.

Dewey, John (1986): Logic: The Theory of Inquiry. In Boydston, J. A. (Hg.): John Dewey – The Later Works, 1925–1953 Vol. 12: 1938. Carbondale, S. 1–527.

Glaser, Barney/Strauss, Anselm (1964): Awareness Contexts and Social Interaction. In: American Sociological Review, Vol. 29, No. 5, S. 669–679.

Glaser, Barney/Strauss, Anselm (1969): The Discovery of Grounded Theory. Chicago.

Helsper, Werner/Böhme, Jeanette/Kramer, Rolf-Torsten/Lingkost, Angelika (2001): Schulkultur und Schulmythos. Opladen.

Helsper, Werner/Busse, Susann/Hummrich, Merle/Kramer, Rolf-Torsten (2009): Jugend zwischen Familie und Schule? Eine Studie zu pädagogischen Generationsbeziehungen. Wiesbaden.

Helsper, Werner/Hummrich, Merle/Kramer, Rolf-Torsten (2010): Qualitative Mehrebenenanalyse. In: Friebertshäuser, B./Prengel, A. (Hg.): Handbuch Qualitative Forschungsmethoden in der Erziehungswissenschaft. Weinheim und München, S. 119–135.

Henkelmann, Yvonne (2012): Migration, Sprache und kulturelles Kapital: Die Relevanz von Sprachkenntnissen bei der Arbeitsmarktpositionierung migrierter AkademikerInnen. Wiesbaden.

Hilker, Franz (1962): Vergleichende Pädagogik. München.

Hummrich, Merle/Kramer, Rolf-Torsten (2011): „Qualitative Mehrebenenanalyse" als triangulierendes Verfahren – Zur Methodologie von Mehrebenendesigns in der qualitativen Sozialforschung. In: Ecarius. J./Miethe, I. (Hg.): Methodentriangulation in der qualitativen Bildungsforschung. Opladen & Farmington Hills, S. 109–134.

Kelle, Udo (2011): „Emergence" oder „Forcing"? Einige methodologische Überlegungen zu einem zentralen Problem der Grounded-Theory. In: Mey, G./Mruck, K. (Hg.): Grounded Theory Reader. Wiesbaden, S. 235–260.

Kelle, Udo/Kluge, Susann (2010): Vom Einzelfall zum Typus. Fallvergleich und Fallkontrastierung in der qualitativen Sozialforschung. Wiesbaden (2. Auflage).

Kramer, Rolf-Torsten (2002): Schulkultur und Schülerbiographien. Das „schulbiographische Passungsverhältnis". Opladen.

Krüger, Heinz-Hermann (1999): Entwicklungslinien, Forschungsfelder und Perspektiven der erziehungswissenschaftlichen Biographieforschung. In: Ders./Marotzki, W. (Hg.): Handbuch erziehungswissenschaftliche Biographieforschung. Opladen, S. 13-32.

Leber, Martina/Oevermann, Ulrich (1994): Möglichkeiten der Therapieverlaufs-Analyse in der Objektiven Hermeneutik. In: Garz, D./Kraimer, K. (Hg.): Die Welt als Text. Frankfurt am Main, S. 383-427.

Mannheim, Karl (1964a): Beiträge zur Theorie der Weltanschauungsinterpretation. In: Ders.: Wissenssoziologie. Neuwied, S. 91-154.

Mannheim, Karl (1964b): Das Problem der Generationen. In: Ders. Wissenssoziologie. Neuwied, S. 509-565.

Mannheim, Karl (1980): Strukturen des Denkens. Frankfurt am Main.

Mannheim, Karl (1984): Konservatismus. Frankfurt am Main.

Mannheim, Karl (1985): Ideologie und Utopie. Frankfurt am Main.

Matthes, Joachim (1992): The Operation Called „Vergleichen". In: Ders. (Hg.): Zwischen den Kulturen? Göttingen, S. 75-99.

Mensching, Anja (2008): Gelebte Hierarchien. Mikropolitische Arrangements und organisationskulturelle Praktiken am Beispiel der Polizei. Wiesbaden.

Meuser, Michael/Nagel, Ulrike (2002): ExpertInneninterviews – vielfach erprobt, wenig bedacht. In: Bogner, A./Littig, B./Menz, W. (Hg.): Das Experteninterview. Opladen, S. 71-93 (ursprünglich: 1991).

Nentwig-Gesemann, Iris (2007): Die Typenbildung der dokumentarischen Methode. In: Bohnsack, R./Nentwig-Gesemann, I./Nohl, A.-M. (Hg.): Die dokumentarische Methode und ihre Forschungspraxis. Wiesbaden, S. 275-302.

Nohl, Arnd-Michael (2001): Migration und Differenzerfahrung. Junge Einheimische und Migranten im rekonstruktiven Milieuvergleich. Opladen.

Nohl, Arnd-Michael (2003): Ethnisierungserfahrungen Jugendlicher – Zur vergleichenden Rekonstruktion sozialer Probleme in der Einwanderungsgesellschaft. In: Groenemeyer, A./Mansel, J. (Hg.): Die Ethnisierung von Alltagskonflikten. Opladen, S. 69-88.

Nohl, Arnd-Michael (2006): Bildung und Spontaneität. Phasen biographischer Wandlungsprozesse in drei Lebensaltern – Empirische Rekonstruktionen und pragmatistische Reflexionen. Opladen.

Nohl, Arnd-Michael (2007): Komparative Analyse: Forschungspraxis und Methodologie dokumentarischer Methode. In: Bohnsack, R./Nentwig-Gesemann, I./Nohl, A.-M. (Hg.): Die dokumentarische Methode und ihre Forschungspraxis. Wiesbaden, S. 255-276.

Nohl, Arnd-Michael (2009): Der Mehrebenenvergleich als Weg zum kontextuierten Ländervergleich – Methodologische Überlegungen anhand eines internationalen Projektes zur Migrationsforschung. In: Hornberg, S./Dirim, I., Lang-Wojtasik, G./Mecheril, P. (Hg.): Beschreiben – Verstehen – Interpretieren. Münster, S. 304-319.

Nohl, Arnd-Michael (2010a): Von der Bildung zum kulturellen Kapital: Die Akkreditierung ausländischer Hochschulabschlüsse auf deutschen und kanadischen Arbeitsmärkten. In: Ders./Schittenhelm, K./Schmidtke, O./Weiß, A. (Hg.): Kulturelles Kapital in der Migration. Wiesbaden, S. 153–165.

Nohl, Arnd-Michael (2010b): Bildung und sozialer Wandel: Zur Dynamik zwischen staatlichen Bildungsorganisationen und sozialen Milieus am Beispiel der türkischen Curriculumsreform 2004. Antrag auf Gewährung einer Sachbeihilfe der DFG. Hamburg.

Nohl, Arnd-Michael (2012a): Interview und dokumentarische Methode – Anleitungen für die Forschungspraxis. Wiesbaden.

Nohl, Arnd-Michael (2012b): Pragmatismus als grundlagentheoretische Fundierung qualitativer Forschung in der Erwachsenen- und Weiterbildung. In: Schäffer, B./ Dörner, O. (Hg.): Handbuch qualitative Erwachsenen- und Weiterbildungsforschung. Opladen, S. 89–100.

Nohl, Arnd-Michael/Ofner, Ulrike/Thomsen, Sarah (2007): Kulturelles Kapital in der Migration: Statuspassagen von gleichberechtigten hochqualifizierten Bildungsausländer(inne)n in den deutschen Arbeitsmarkt. Cultural Capital during Migration Research Paper No 3 [url: http://www.cultural-capital.net/images/stories/publications/research%20_paper_number_3.pdf; Zugang: 1.1.2012].

Nohl, Arnd-Michael/Schittenhelm, Karin (2009): Die prekäre Verwertung von kulturellem Kapital in der Migration – Bildungserfolge und Berufseinstieg bei Bildungsin- und ausländern. In: Dirim, I./Mecheril, P. (Hg.): Migration und Bildung. Münster u. New York, S. 125–146.

Nohl, Arnd-Michael/Schittenhelm, Karin/Schmidtke, Oliver/Weiß, Anja (2006): Kulturelles Kapital in der Migration – ein Mehrebenenansatz zur empirisch-rekonstruktiven Analyse der Arbeitsmarkintegration hochqualifizierter MigrantInnen. In: Forum Qualitative Sozialforschung, Volume 7, No. 3 [url: http://www.qualitative-research.net/fqs-texte/3-06/06-3-14-d.htm; Zugang: 21.10.2012].

Nohl, Arnd-Michael/Schondelmayer, Anne-Christin (2006): Existenzgründung als zweite Chance: Bildungs- und Lernprozesse in der Lebensmitte. In: Fritzsche, B./Nohl, A.-M./Schondelmayer, A.-Ch.: Biographische Chancen im Entrepreneurship. Berlin, S. 95–249.

Nohl et al. (2010a) = Nohl, Arnd-Michael/Schittenhelm, Karin/Schmidtke, Oliver/ Weiß, Anja (Hg.): Kulturelles Kapital in der Migration. Hochqualifizierte Einwanderer und Einwanderinnen auf dem Arbeitsmarkt. Wiesbaden.

Nohl et al. (2010b) = Nohl, Arnd-Michael/Ofner, Ulrike Selma/Thomsen, Sarah: Hochqualifizierte BildungsausländerInnen in Deutschland: Arbeitsmarkterfahrungen unter den Bedingungen formaler Gleichberechtigung. In: Nohl, A.-M./ Schittenhelm, K./Schmidtke, O./Weiß, A. (Hg.): Kulturelles Kapital in der Migration. Wiesbaden, S. 67–82.

Oevermann, Ulrich (1991): Genetischer Strukturalismus und das sozialwissenschaftliche Problem der Erklärung der Entstehung des Neuen. In: Müller-Doohm, St. (Hg.): Jenseits der Utopie. Frankfurt am Main, S. 267–336.

Oevermann, Ulrich (2000): Die Methode der Fallrekonstruktion in der Grundlagenforschung sowie der klinischen und pädagogischen Praxis. In: Kraimer, K. (Hg.): Die Fallrekonstruktion. Frankfurt am Main, S. 58–156.

Oevermann, Ulrich/Allert, Tilman/Konau, Elisabeth (1980): Konzeptionen einer „objektiven Hermeneutik". Zur Logik der Interpretationen von Interviewtexten. In: Heinze, Th./Klusemann, H. W./Soeffner, H.-G. (Hg.): Interpretationen einer Bildungsgeschichte. Bensheim, S. 1–24.

Oevermann, Ulrich/Allert, Tilman/Konau, Elisabeth u. a. (1983): Die Methodologie einer „objektiven Hermeneutik". In: Zedler, P./Moser, H. (Hg.): Aspekte qualitativer Sozialforschung. Opladen, S. 95–123.

Ofner, Ulrike Selma (2011): Sozioökonomische Ausgrenzung Hochqualifizierter mit ausländischem Bildungsabschluss – Symbolische Exklusion als strukturimmanentes Phänomen (ein länder- bzw. statusgruppenübergreifender Vergleich). Cultural Capital During Migration Research Paper Nr. 11. [url:http://www.cultural-capital.net/images/stories/ofner_working11-06-07_netzfassung_mit_deckblatt_und_neuer_nummer.pdf; Zugang: 1.1.2012].

Polanyi, Michael (1985): Implizites Wissen. Frankfurt am Main.

Przeworski, Adam/Teune, Henry (1970): The Logic of Comparative Social Inquiry. New York u. a.

Przyborski, Aglaja (2004): Gesprächsanalyse und dokumentarische Methode. Qualitative Auswertung von Gesprächen, Gruppendiskussionen und anderen Diskursen. Wiesbaden.

Przyborski, Aglaja/Wohlrab-Sahr, Monika (2008): Qualitative Sozialforschung. München.

Radvan, Heike (2010): Beobachtung und Intervention im Horizont pädagogischen Handelns. Eine empirische Studie zum Umgang mit Antisemitismus in Einrichtungen der offenen Jugendarbeit. Bad Heilbrunn.

Reichertz, Jo (1997): Objektive Hermeneutik. In: Hitzler, R./Honer, A. (Hg.): Sozialwissenschaftliche Hermeneutik. Opladen, S. 31–56.

Rosenberg, Florian von (2011): Bildung und Habitustransformation: Empirische Rekonstruktionen und bildungstheoretische Reflexionen. Bielefeld.

Rosenberg, Florian von (2012): Rekonstruktion biographischer (Bildung-)Prozesse. Überlegungen zu einer prozessanalytischen Typenbildung. In: Miethe, I./Müller, H.-R. (Hg.): Qualitative Bildungsforschung und Bildungstheorie. Opladen, S. 193–208.

Rosenthal, Gabriele (2011): Interpretative Sozialforschung. Weinheim.

Schäffer, Burkhard (1996): Die Band. Stil und ästhetische Praxis im Jugendalter. Opladen.

Schittenhelm, Karin (2005): Soziale Lagen im Übergang. Junge Migrantinnen und Einheimische zwischen Schule und Berufsausbildung. Wiesbaden.

Schittenhelm, Karin (2009): Qualitatives Sampling. Strategien und Kriterien der Fallauswahl. In: S. Maschke/L. Stecher (Hg.): Enzyklopädie Erziehungswissenschaft Online [http://www.erzwissonline.de]. Weinheim und München.

Schondelmayer, Anne-Christin (2010): Interkulturelle Handlungskompetenz: Entwicklungshelfer und Auslandskorrespondenten in Afrika. Eine biographisch-narrative Studie. Bielefeld.

Schriewer, Jürgen (1988). The method of comparison and need for externalization: methodological criteria and sociological concepts. In Schriewer, J./Holmes, B.

(Hg.): Theories and Methods in Comparative Education. Frankfurt/M. u. a., S. 25–83.

Schriewer, Jürgen (2000): Stichwort: Internationaler Vergleich in der Erziehungswissenschaft. Zeitschrift für Erziehungswissenschaft, 3 (4), S. 495–515.

Schütze, Fritz (1978): Die Technik des narrativen Interviews in Interaktionsfeldstudien – dargestellt an einem Projekt zur Erforschung von kommunalen Machtstrukturen. Arbeitsberichte und Forschungsmaterialien Nr. 1 der Fakultät für Soziologie der Universität Bielefeld. Bielefeld (Typoskript, 2. Auflage).

Schütze, Fritz (1983): Biographieforschung und narratives Interview. In: Neue Praxis, 13 (3), S. 283–293.

Schütze, Fritz (1989): Kollektive Verlaufskurve oder kollektiver Wandlungsprozeß. In: BIOS, H. 1, S. 31–109.

Schütze, Fritz (1991): Biographieanalyse eines Müllerlebens. In: Scholz, H.-D. (Hg.): Wasser- und Windmühlen in Kurhessen und Waldeck-Pyrmont. Kaufungen, S. 206–227.

Steiner-Khamsi, Gita (2003): Vergleich und Subtraktion: Das Residuum im Spannungsfeld zwischen Globalem und Lokalem. In: Kaelbe, H./Schriewer, J. (Hg.): Vergleich und Transfer. Frankfurt/M. u. New York, S. 369–397.

Strauss, Anselm (1987): Qualitative Analysis for Social Scientists. New York

Strübing, Jörg (2011): Zwei Varianten von Grounded Theory? In: Günter, M./Mruck, K. (Hg.): Grounded Theory Reader. Wiesbaden, S. 261–277.

Thomsen, Sarah (2009): Akademiker aus dem Ausland. Biographische Rekonstruktionen zur Statuspassage in den Arbeitsmarkt. Berlin.

Vogd, Werner (2004): Ärztliche Entscheidungsprozesse des Krankenhauses im Spannungsfeld von System- und Zweckrationalität. Berlin.

Vogd, Werner (2005): Systemtheorie und rekonstruktive Sozialforschung. Opladen.

Vogd, Werner (2009): Rekonstruktive Organisationsforschung. Opladen

Weiß, Anja (2010): Vergleiche jenseits des Nationalstaats. Methodologischer Kosmopolitismus in der soziologischen Forschung über hochqualifizierte Migration. In: Soziale Welt 61 (3/4), S. 295–311.

Weiß, Anja/Nohl, Arnd-Michael (2012): Overcoming methodological nationalism in migration research. Cases and contexts in multi-level comparisons. In: Amelina, A./Nergiz, D./Faist, T./Glick Schiller, N. (Hg.): Beyond Methodological Nationalism. London, S. 65–87.

Weller, Wivian (2003): HipHop in Berlin und Sao Paulo. Ästhetische Praxis und Ausgrenzungserfahrungen junger Schwarzer und Migranten. Opladen.

Wimmer, Andreas/Glick Schiller, Nina (2002). Methodological Nationalism, the Social Sciences, and the Study of Migration. In International Migration Review, H. 143, S. 576–609.

Wohlrab-Sahr, Monika (2003): Objektive Hermeneutik. In: Bohnsack, R./Marotzki, W./Meuser, M. (Hg.): Hauptbegriffe Qualitativer Sozialforschung. Opladen, S. 123–128.

Folgende Richtlinien gelten für die Transkription:[45]

(3) bzw. (.):	Anzahl der Sekunden, die eine Pause dauert, bzw. kurze Pause
<u>nein</u>:	betont
. :	stark sinkende Intonation
, :	schwach steigende Intonation
vielleich-:	Abbruch eines Wortes
nei::n:	Dehnung, die Häufigkeit von : entspricht der Länge der Dehnung
haben=wir	schleifend, ineinander übergehend gesprochene Wörter
(doch):	Unsicherheit bei der Transkription
( ):	unverständliche Äußerung, je nach Länge
((stöhnt)):	parasprachliche Ereignisse
@nein@:	lachend gesprochen
@(.)@:	kurzes Auflachen
//mmh//:	Hörersignal des Interviewers
L:	Überlappung der Redebeiträge
°nein°:	sehr leise gesprochen

---

45 Vgl. Bohnsack 2007a, S. 235

Printed in the United States
By Bookmasters